| 출판사 소개

마딘 - [마디다; 쉽게 닳거나 사라지지 아니함]

"사연있는 업사이클링 소재 45가지"
우리는, 사람은 곳곳에서 터전을 이루면서 살아간다.
하지만 왜인지 으리는 숨 쉬는 것 만큼 수많은 부산물을 만들면서
살아간다. 그 부산물들은 지속적으로 탈락하고 버려진다.

어떤 부산물은 마치 종전을 전달받지 못한 패잔병 같아서 버려진
다음에도 자신의 임무를 계속하기도 한다. 또 어떤 부산물은 한
가족의 역사가 담겨 있기도 하다. 엄마가 시집올 때 보물처럼 여기던
자개장은 어느샌가 골칫거리로 전락해 아침마다 버스를 기다리는
우리처럼 골목에서 재활용트럭이 오기를 기다리기도 한다.

아직 튼튼함을 가지고 있는 친구들도 있고 아직 쓸만한 매력을
가지고 있는 친구들도 많지만 아직 아무도 자세히 들여다봐주지
않아서 부유해버리는 경우가 많다. 그렇게 부유하다가 어느
순간 모두가 고개를 돌리는 골칫거리 쓰레기로 변모하는 경우가
다반사이다.

이 책은 그런 사연이 있는, 아직 꽤 쓸모가 있는 소재를 모아봤다.

혹시, 당신이 이 책을 읽게 된다면
어쩌다 마주할 손 없는 날에 골목을 지나면서
다양한 사연들을 상상하게 될 것이다.
내가 그랬듯이.

업사이클링 도감

업사이클링을 한다니 많은 사람들이 물었습니다. '그게 뭔데?' '아~ 재활용?' 등등 분야부터 설명해야하니 설명부터 어려움이 따랐습니다. 그래서 항상 대표적인 브랜드를 이야기하기 바빴습니다.

  처음 프로젝트를 진행하면서 많은 어려움이 있었습니다. 소재에 대한 정보나 수급 정보 등 알고 싶고 찾고 싶어도 그 내용을 접하기는 쉽지 않았습니다. 저의 시행착오를 나누고자 합니다. 업사이클링에 관심이 있는 사람이, 하고 있는 사람이, 더 잘하고 싶은 사람이 작게나마 수고를 덜기를 바랍니다.

  업사이클링은 변명이고 업사이클링이 계속되려면 이 변명이 사람들에게 이해되어야 하는게 아닐까 싶어요. 버리고 있는걸 다시 활용하려면 그만한 설득력이 필요한게 아닐까요?

업사이클링 도감

사연있는 업사이클링 소재 45가지 [새活用圖鑑]

*본 도서는 재생지로 만들어졌습니다.

바
다
유
리

처리 돌이나 모래와 함께 숨어 있어 [1]비치코밍을 하지 않는 이상 찾기 어렵다. 바다유리를 활용하는 업체에서 활용 중이다.

수급 상 / 모든 해안에 있지 않다. 돌이 많은 해안 주변에 많이 발생하며 굉장히 작아서 시간을 들여 찾아야 한다.

빈도 높음 / 매일매일 발생한다.

수량 일정치 않고 주기적이지도 않다.

특징 다양한 색을 가진다 (20가지가 넘는 색이 발생하지만 빈도는 동일하지 않다. 검은색을 찾았다면 굉장히 운이 좋은 경우라고 할 수 있다), 각각의 질감이 다르다, 투명도가 일정하지 않다, 표면이 일정치 않아서 가공에 어려움이 있다. 단단하다, 충격에 약하다.

: 바다에 버려진 유리로 파도로 인해 마모된 유리조각

바다 혹은 해안가는 많은 사람들에게 사랑받는다. 하지만 사랑하는 만큼 우리는 더 많은 흔적을 남긴다. 그저 흔적이기만 하면 괜찮겠지만 사실은 그렇지 않다. 언제나 여름만 되면 해안가가 쓰레기로 뒤덮여있는 뉴스를 볼 수 있다. 사람들은 그곳에 모이고 또 만나고 술을 마신다. 여기까지는 아무런 문제가 되지 않는다. 하지만 버리고 던지고 다양한 방법으로 자신의 흔적을 남긴다. '누군가 치우겠지.' 라는 안일한 마음은 바다의 조수간만 차로 고스란히 사라지기도 한다. 물론 이런 경우로만 바다에 다양한 쓰레기가 버려지는 것은 아니다.

    바다는 계속 움직인다. 우리 눈에 티는 나지 않지만 해안선도 계속해서 변하고 있다. 바다에 버려진 유리는 바다와 함께 움직이며 새로운 모습으로 다시 나타나는데 이게 바로 '바다 유리(Sea glass)'다. 단단한 공병이었던 유리는 자연스레 조각 나고 마모가 된다. 날카로워졌다가 또 둥그스름해진다. 자연에서 발생하는 원석들이 그렇듯 전부 다른 모습으로 마치 보석의 원석과 같은 모습으로 남게 된다.

    그렇다면 그것으로 우리에게 좋은 것이 아닌가? 하고 생각하기 쉽다. 버려지는 쓰레기가 자연스레 다시 좋은 모습으로 돌아오니 그렇게 생각하기 정말 좋다. 하지만 버려진 유리는 모래를 덮어 게나 조개류와 같은 바닷속 생태에서 중요한 역할을 하는 생물의 성장을 방해하여 결과적으로는 생태계에 좋지 않은 영향을 끼친다.

1. 비치코밍- 바다에서 부유하다 해안가에 표류하게 된 것을 수집하는 것
* 수집시에는 맨손보다는 도구를 이용하는 방법을 권한다. 유리가 날카로울 수도 있고 독이 있는 바다생물을 만날 수도 있기 때문이다.

제주도 남원

제주도 남원

그 물

바 다

처리 별도로 모아서 한 번에 처리한다. 하지만 시기가 정해져 있다.
수급 중상 / 처리를 위해 분류되어있어 수급은 쉬우나 악취가 있을 수 있고 가벼우나 부피가 커서 성인 남성이 한 번에 두 자루 이상 옮기기 힘들다.
빈도 높음 / 수시로 그물이 망가지고 버려진다.
수량 빈도도 높고 수량도 많다. 하지만 여기저기 흩어져있다.
소재 폴리에틸렌
특징 가볍다(물에 뜬다), 튼튼하다, 유연하다

08

: 어획에 이용되는 대표적인 어구

존재만으로도 골치인 것들이 있다. 물론 그물을 이야기하는 건 아니다. 모든 물건이 그렇듯 그물은 주인이 있다. 다시 말하자면 이들은 누군가의 소중한 자산인 것이다. 하지만 그 주인이 사라졌을 때부터 문제는 발생한다. 그물이 바로 그렇다. 주인이 사라진 그물은 골치, 문제 등으로 불리고 남는다.

주인이 사라진 그물이 골칫거리인 이유는 그것이 가진 물성과 굉장히 맞닿아있다. 일반적으로 그물은 물보다 가볍다. 무게에 비해 굉장히 튼튼하다. 더욱이 촘촘하다. 하지만 단단하지 않아 이렇게 저렇게 잘 움직인다. 이러한 특성을 기반으로 그물은 전쟁지역 민가에 남은 지뢰처럼 많은 생명을 앗아간다. 작은 그물은 작은 것대로 큰 것은 또 큰 것대로 크고 작은 것이 이렇게 저렇게 엉키면서 그물은 쉬지 않고 문제를 만든다. 가볍기도 해서 여기저기 옮겨 다니며 주인도 없이 물고기를 잡는다.

큰 항구 작은 항구 가릴 것 없이 어업이 행해지는 항구에 가보면 그물은 버려지고 있다. 모아서 버리기도 하고 해류의 영향으로 사라지는 경우도 있다. 항구 한쪽에서는 망가진 그물을 고치는 모습도 볼 수 있다. 어느 정도 수리하며 재활용하는 상황이고 수협에서 그물을 수거하기도 하지만 모든 그물이 그런 상황은 아니다. 우리는 별로 관심을 두지 않고 있으나 해외에서는 이 폐그물을 재처리하여 신발을 만들기도 하고 스케이트보드를 만들기도 하며 그대로 가방으로 활용하는 경우도 있다.

강원도 고성 거진항

충청남도 보령 대천항

파라솔

바다

처리 누군가 필요로 하지 않는다면 대부분의 파라솔은 대와 살은 재활용되고 천부분은 버려진다.

수급 중상 / 바닷바람을 맞아 세척이 필요하고 천의 크기가 큰 편이라 한 번에 많은 양을 옮기기 힘들다.

빈도 낮음 / 1년에 한 번씩 버려진다.

수량 해운대 해수욕장에서만 1년에 1500개가량 버려진다. 전국 해수욕장은 257개로 수량은 예측이 어렵다.

소재 폴리, 매

특징 잘 썩지 않는다, 물에 강하다, 질기다, 패턴과 디자인이 다양하다, 세척 필수

: 해를 피하기 위한 큰 양산

여름철 해수욕장에 가보면 가장 쉽게 볼 수 있는 것들이 있다. 아니, 굳이 해수욕장에 가지 않아도 뉴스만 봐도 가장 많이 보이는 것이 있다. 바로 '파라솔' 이다.

    바닷가를 생각해보면 가장 쉽게 생각나는 것이 몇 가지 있다. 바다, 하늘, 모래사장 등이 있지만 여름철 해수욕장은 모래사장이 보이지도 않는다. 그만큼 많은 양이 사용되고 있다. 부산 해운대 해수욕장에서만 매년 8000개의 파라솔 중 20%인 1500개가 버려지고 있다고 한다. 전국적으로 확대해보면 그 수는 더욱 늘어난다. 2017년에만 257개의 해수욕장이 개장하였으니 버려지는 양은 어마어마할 것이다. 사실 파라솔은 크고 튼튼한 우산 혹은 양산으로 봐도 무방하다. 그렇기 때문에 우산처럼 버려지면 대와 살은 재활용되고 천 부분은 별도로 폐기하여 소각된다. 이 폐기되는 파라솔 천은 색이나 패턴이 화려한 것은 물론 사용되었던 해수욕장이 담겨 있다. 해운대, 경포대 등 지역의 정보와 기업의 로고 등이 함께 있고 사용되면서 남은 탈색과 변색으로 그 나름대로의 시간을 담고 있기도 하다. 이미 업사이클링으로 유명한 프라이탁도 이런 디자인을 그대로 활용하여 재미있는 상품으로 만들고 있기도 하니 파라솔이 가진 것들은 아직 버려지지 않아도 되지 않을까?

튜브

바다

처리 일부 업사이클링, 재활용 업체에서 활용하거나 버려진다.
수급 중상 / 얇고 가벼운 편이어서 운반에 큰 어려움이 없다.
빈도 낮음 / 1년에 한 번씩 버려진다.
수량 해운대에서만 1년에 200개가량 버려진다. 전국의 해수욕장은 257개로 전체적인 수량파악은 어렵다.
소재 PVC 원단
특징 물과 바람에 강하다, 물에 강하다, 가볍다, 질기다

: 타이어 튜브의 발전형으로 물놀이에 활용

물건은 무엇이건 그것만의 생명이 있다. 물건의 사용기한이라는 것이 정해져 있지는 않지만 대부분 어느 정도의 한계가 있다. 컵은 깨지면 버려지고 타이어는 마모되면 버려지는 것처럼 물건은 한계가 다다르면 더는 사용할 수 없다는 말이다. 하지만 유독 이 한계가 터무니 없는 것이 있다. 튜브는 크건 작건 굉장히 조그만 상처에도 버려지기 쉽다. 심지어 눈으로는 찾기도 힘든 작은 상처로도 버려진다. 물론 고쳐 쓸 수 있다고 하지만 그것도 한계가 있다. 예를 들자면 작은 상처가 4~5개 정도 생겼다면 수리하는 비용이나 새 것으로 교체하는 비용이나 크게 다르지 않기 때문이다.

국내 해수욕장은 200개가 넘는다. 그리고 그곳에서는 이 튜브가 대부분 사용되고 있는 상황이다. 매해 여름마다 쓰이는 상황이지만 위에서 언급한 이유와는 무관하게 해운대에서만 매년 2000개 이상 버려지고 있다. 한 해만 쓰이고 버려지고 있는 상황이다. 물론 튜브의 목적이 물에 뜨는 것이라지만 튜브는 둥글고 크다. 100에서 1이 빠진다고 99가 작은 수는 아닌 것처럼 튜브도 같다. 아직 튜브는 계속 물성을 가진다.

* 특정 지역에서 사용되는 특성상 다양한 타이포가 포함되어있다. 색상은 노란색이 대부분이다.

돌

산

처리 일부에서 소재로 활용하고 있으며 대부분 방치되거나 버려진다.
사용을 원한다면 1톤에 4만원 정도로 구할 수 있다.

수급 상 / 매우 무겁고 산지에서만 구할 수 있다.

빈도 높음 / 굉장히 높은 빈도로 발생한다.

수량 원하는 양에 따라 다르지만 기본적으로 방치되어 있어 수량은 걱정하지 않아도 된다.

소재 현무암, 오석, 화강암, 대리석 등등

특징 색과 무늬가 동일하지 않다, 물과 바람에 강하다, 잘 썩지 않는다, 단단하다

: 필요에 의해 재단된 석재의 부산물

어린 시절의 동요 중 기억나는 것이 하나 있다. "바윗돌 깨트려 돌덩이, 돌덩이 깨트려 돌맹이 돌맹이 깨트려 자갈돌" 이런 가사였다. 큰 바위는 정말 노래처럼 흘러 소비된다. 바위는 큰 석재로 활용되고 남는 자투리 돌은 깨져서 돌덩이로 또 남는 돌은 자갈로 자갈은 모레로 활용된다. 강원도 정선, 충청남도 웅천, 제주도 등 돌이 유명한 지역에 가보면 각 지방별로 지역에서 생산되는 석재의 자투리들을 만날 수 있다. 자투리라는 표현에 조그만 돌덩이라고 생각하기 쉽지만 크고 작은 돌들이 모여서 산처럼 쌓여있는 모습을 볼 수 있다. 그냥 작은 돌 더미도 아니다. 멀리서 봐도 어마어마하게 많은 양이다. 하지만 이 돌들은 누군가 원해서 가져가지 않는 이상 그대로 방치된다. 그 주변엔 돌가루가 여기저기 흩어져있다.

    돌은 그냥 그대로 자연에 돌려주면 되는 것 아닌가? 생각하기 쉽다. 하지만 그 양이 너무 많고 자갈로 활용하기엔 한계가 있다. 그래서 지역마다 돌 더미들이 존재하는 것이다. 돌이 가진 물성은 쉽게 변하지 않는다. 최근에는 이 남는 돌을 활용하는 국내 업사이클링 기업도 생겼다. 단순히 버려진 돌을 자갈로 모래로 활용하는 것이 아니라 이 물성을 그대로 살려서 가르등이나 스피커 등 다양한 소재로 활용 중이다. 물론 제품 개발의 측면보다는 새로운 소재로 바라 보는 것이 더 적합할 수도 있지만 꽤 매력적인 방법이다.

제주도 석재공장

제주도 석재 공장

우유팩

처리 주기적으로 지자체에서 재처리한다.
수급 상 / 많이 나오는 만큼 많이 모여있고 처리된다. (남은 우유의 악취는 감수해야한다.)
빈도 높음 / 주마다 버려진다.
수량 주거단지일수록 양은 많다.
소재 폴리에틸렌, 종이
특징 가볍다, 튼튼하다, 유연하다, 다양한 패턴과 색이 있다.

생활

: 우유 등 액체를 담기 위한 종이 용기

우유의 이미지를 생각해보자. 건강함, 순수함, 흰색, 소, 내가 가진 편견은 이렇다. 또 약간의 거부감도 있다. 우유만큼 친숙한 음료가 또 있을까? 또 우유만큼 많은 곳에 쓰이는 음료도 없을 것이다. 커피나 요리에도 쓰이고 디저트에도 많은 양의 우유가 소비된다. 친숙하다는 것은 많이 소비된다는 말이고 소비는 곧 부산물을 남긴다. 이 부산물에 대한 이야기를 하고자한다. 우유는 비닐팩, 패트병 그리고 팩에 담긴다. 종이에 담겨 오랜 시간을 함께 했다는 이야기다. 이 많은 우유팩은 그저 조금 질긴 종이로 기억될 수 있다. 하지만 조금 더 바라보면 우유를 소비하는 사람을 볼 수 있다. 우유는 내가 가진 편견을 기반으로 디자인되어있다. 외형은 대부분 비슷하지만 저런 편견을 기반으로 색이 결정되고 디자인이 결정되고 캐릭터도 결정된다. 우리의 취향을 담고 있다는 말이다. 우유팩은 어떤 문화 혹은 연령대를 대변하는지 모른다. 우리와 가장 친숙하니까 말이다. (지역별로 브랜드도 다르다.)

　　우유팩은 그만큼 많이 버려진다. 또 많이 재활용된다. 다양한 형태로 말이다. 코팅을 처리해서 다시 종이로 살아가는가 하면 특유의 튼튼함과 색감을 기반으로 잡화로 살아가기도한다. 아, 당신이 살고 있는 집 어딘가 장농 혹은 가구 아래 깔려 당신과 계속 함께하고 있는지도 모른다. 우유가 친숙한 만큼 우유팩도 꽤나 우리와 가까운지 모른다.

폐옥 (옥매트)

- **처리** 대형폐기물로 분류되어 별도 분리 없이 버려진다.
- **수급** 하 / 옥돌은 크기가 작지만 개별적으로 옥장판을 분해해야하기 때문에 수급에 어려움이 있다.
- **빈도** 높음 / 온수매트가 판매되는 만큼 버려진다. 온수 매트의 판매량은 점점 늘어나고 있는 상황이다.(2016년 판매액 5000억원)
- **수량** 크기에 따라 다양하다. 개당 수십개 이상 버려진다.
- **소재** 폴리에틸렌, 종이
- **특징** 색과 무늬가 동일하지 않다, 물에 강하다, 형태가 일정하지 않다, 단단하다, 열에 강하다, 튼튼하다

생활

: 옥장판과 함께 버려진 옥돌로 보석은 아니다.

한국은 사계절이 몹시도 뚜렷하다. 계절마다 기간의 차이는 있겠지만 정말 중간을 모른다. 그중 겨울은 아주 악명높다. 심지어 더 북쪽인 러시아보다도 추운 날이 있을 정도로 한국의 겨울은 과하게 춥다.

겨울의 상징물을 생각해보면 군고구마, 눈사람, 눈, 장갑, 목도리 등등이 있지만 2000년대 부터 한국의 겨울에 상징이 된 물건이 있다. 바로 옥장판이다. 한 겨울 옥장판이 없이 지낸다는 것은 상상도 못 할 정도로 우리 생활에 밀접하게 함께하고 있다. 일본에서는 코다츠라는 보온테이블이 겨울의 상징으로 자리 잡고 있듯이 한국에서는 옥장판이 생활과 가장 밀접한 상징이다. 그저 상징이라고만 이야기하는 것이 아니라 옥장판의 판매량이 이 이야기를 뒷받침해준다. 옥장판은 한국에서의 인기를 넘어서 중국까지 수출될 정도로 한국의 대표적인 난방기구로 자리 잡았다. 지금은 전자파나 전기요금 등의 이유로 온수매트로 교체되고 있는 상황인데 2016년 국내 온수매트 시장규모가 5천억 원이 될 정도로 많이 교체되고 있다. 바로 여기에서 문제가 발생한다. 옥장판이 포함된 전기장판류는 재활용이 불가능하고 종량제 봉투를 이용해 버리거나 대형 폐기물 스티커를 발급받아 별도로 배출해야 한다.

옥장판의 다른 소재들과는 달리 이 옥돌은 그대로 버려지기 쉽다. 별도의 재활용 방법도 없고 지금까지 진행된 사례도 찾아보기 쉽지 않다.

페트병 (PET, PP)

처리 대부분 재사용 혹은 재활용되고 있다. 그뿐만 아니라 DIY로도 활발히 활용 중이다.

수급 중상 / 가볍지만, 부피가 커서 수급에 어려움이 있다. 또한, 대부분 내용물이 담겼던 것들이라 세척이 필수다.

빈도 높음 / 매일 많은 양이 버려지고 있다.

소재 PET (폴리에틸렌 테레프탈레이트)

특징 잘 썩지 않는다, 물에 강하다, 질기다, 색상과 모양이 다양하다, 세척 필수, 열에 약하다.

생활

: 폴리에틸렌 테레프탈레이트(PET)를 재료로 만들어진 용기

어린 시절 어른들은 이런 말을 해준 적이 있다. "누가 물 사 먹을 줄 알았어~" 그런데 이제 현실을 넘어서 일상이 되었다. 이제는 물을 팔기만 하는 것이 아니라 가격도 종류도 다양하게 판매되고 있으며 물을 넘어서 우리가 구매하는 액체류는 대부분 이 페트병에 담긴다. 그만큼 많이 쓰이고 또 많이 버려지고 있다. 이렇게 우리에게 친숙한 페트병은 지금까지 많은 방법으로 재활용 혹은 재사용되어왔다. 책상이나 서랍 혹은 냉장고 등의 정리에도 많이 쓰이고 화분 등 DIY에서도 굉장히 활발하게 사용 중이다.

페트병은 재활용 혹은 재사용만으로도 그 가치가 연장되고 있지만, 환경에 대한 관심이 높아짐에 따라 DIY를 넘어서 소재를 활용하는 새로운 방법이 계속해서 등장하고 있다. 단단하진 않지만 질긴 이 페트병은 세척 및 가공을 거쳐 원단으로 만들어지기도 한다. 천이 된 페트병은 다양한 디자인과 색상으로 많은 곳에 활용되고 있다. 최근에는 버려진 페트병을 활용해서 신발을 만드는 기업도 등장할 정도로 많은 곳에 사용되고 있다.

다양한 곳에서 이 페트병을 활용하고 있지만 '그 제품이 버려지면?'이라는 물음표가 생길 수 있다. 하지만 소재의 특성상 재활용된 페트병은 다시 또 재활용이 가능하다. 소재에 대한 연구와 개발이 더욱 더 활발해진다면 페트병은 더 많이 재활용되고 더 많은 곳에서 활용될 수 있지 않을까?

* 한국은 페트병의 재활용 비율은 80% 정도로 높은 편이다.

자전거

처리 재활용 전문업체와 업사이클링 업체에서 활용 중이다. 폐자전거, 자전거 소모품으로 소재가 발생한다.

수급 중상 / 무엇을 옮겨도 쇠로 되어있어서 무겁다. 성인남성이 한 번에 2 대 이상 옮기기 어렵다.

빈도 높음 / 매일매일 발생한다.

수량 서울시에서만 하루에 50대가량 버려지고 각 수리점에서 교체된 부품이 버려진다.

소재 알루미늄, 티타늄, 강철, 크로몰리 등등

특징 물에 약하다, 무겁다, 단단하다, 세척 필수, 튼튼하다

생활

: 사람의 힘으로 운행및 이동이 가능한 기구

자연에서는 여러모로 유익한 생물을 종종 만날 수 있다. 살아있을 때는
생태계의 한 축을 담당하거나 자연에 유익한 활동이 주가 되고 또 맛도
좋아서(?) 여기저기서 사랑받는 것들 말이다. 자전거도 이와 비슷하다.
평소에는 연료가 필요 없어 공해가 없으니 환경에 도움이 되고 타는 이의
건강에도 꽤나 도움이 된다. 이뿐만 아니라 주인에게 잊혀서 녹이 왕창
슬어있는 것들도 쉽게 재활용할 수 있다. 그런데 이 자전거는 용도부터
굉장히 확실한 개성을 지니는데 산악용부터 도로 그리고 묘기용까지
다양한 장르에 다양한 가격대를 자랑하기 때문에 그에 따라 소재 또한
다양하다. 버려지는 것들도 시대를 아우르며 다양하게 버려진다. 족히
30년은 되어 보이는 쌀 배달 자전거부터 귀여운 미니벨로까지 시대와
종류를 넘나든다.

   자전거는 단순히 버려지거나 잃어버리기만 하는 것이 아니라 수리
시에도 많은 폐기물이 발생한다. 체인부터 배달 브레이크 등등 꽤나 많은
소모품이 곳곳에 있는 자전거 수리점에서 발생하고 있다. 이렇게 셀 수
없이 다양한 소재가 발생하는 자전거는 이미 국내외를 막론하고 아주
활발하게 업사이클링이 진행 중이다. 재활용 자전거부터 폐자전거의
부속과 소모품 등을 활용한 제품까지 정말 쉬지 않고 발생하는 중이다.

   자전거가 버려지고 다시 쓰여지는 것을 당연하게 생각할 수 있다.
아니, 굉장히 대수롭지 않게 생각할 수도 있다. 마치 자전거가 그렇게
대수롭지 않게 버려지듯이 말이다. 하지만 도시에서 버려지는 자전거는
사람들이 사용해야 하는 자전거 보관소나 역 근처에 몰려있고 이
자전거들을 수시로 수거하지 않는다면 누군가는 그 시설을 활용하지
못하고 공간효율에도 꽤나 좋지 않은 영향을 끼친다. 서울시에서만
하루에 50대가 넘는 자전거가 버려지고 있니 문제가 아닐 수 없다.

* 자전거는 종류가 다양한 만큼 관련 지식에 대한 공부가 꼭 필요하다.

경기도 일산

경기도 일산

파지

처리 대부분 도시 곳곳에서 수거되며(일부산업단지는 예외) 수집처는 재활용업체로 전달한다.

수급 중 / 성인남성이 한 번에 한 묶음 이상을 옮기기 힘들다. 부피도 부피지만 무게도 꽤 나간다.

빈도 높음 / 굉장히 높은 빈도를 지니고 다양한 수집처를 가지고 있다. (가격이 이미 형성되어있다.)

수량 발품 파는 만큼 수량은 높일 수 있다.

소재 상자류, 골판지, 골심지

특징 다양한 크기, 다양한 패턴, 물에 약함, 코팅시 재처리 필요

생활

: 생활에서 발생하는 다양한 종이

종이가 우리 생활과 맞닿아 있는 것은 굳이 말할 필요가 없다. 하지만 '버려지는 종이'에 대해서는 이야기가 조금 다르다. 종이는 굉장히 단단한 생애주기를 가진다. 쓰여지고 버려지고 다시 만들어지고 또 쓰여지고 버려진다. 그만큼 많이, 자주 버려졌다는 말이다.

이 버려지는 종이의 생애주기를 잘 따라가 보면 항상 같은 사람들이 숨을 불어 넣어주는 모습을 볼 수 있다. 골목에서 또는 거리에서 종이를 주워서 어딘가의 처리업체로 보내주는 일은 대부분 어르신들이 해주신다. 비단 종이에만 숨을 불어넣는 것은 아니지만 대부분은 종이라고 해도 무방할 정도로 많은 양의 종이를 매일매일 모아주신다.
파지는 kg 당 150원으로 (수도권 17년 08월 기준) 지속적으로 오르고 있다. 하지만 그 가격의 오름세만을 생각하면 무리가 있다. 도시 곳곳에 흩어져있는 것들을 직접 모아 그 가격만 받는다는 것은 다시 한번 생각해볼 만한 문제이다. 더욱이 이 파지는 수거된 후 바로 처리되기 때문에 그 상태로 괜찮은 것을 원한다면 수집처가 되는 것을 권한다.

물론 파지는 단순한 재활용만으로도 그 순환이 탄탄하지만 최근에는 이 파지를 수거해서 새로운 것을 만드는 업체들이 생겨나고 있다. 예술작품으로 그 가치를 상승시켜 수집하시는 분들에게 더 나은 이익을 돌려주는 것이다. 이 부분이 굉장히 중요한 것이다. 기존에 움직이고 있는 생태를 지워버리거나 파괴하는 것이 아니라 조금 더 나은 방향으로 발전시키는 것이 힘들지만 아주 중요한 부분이라고 할 수 있다.

연탄

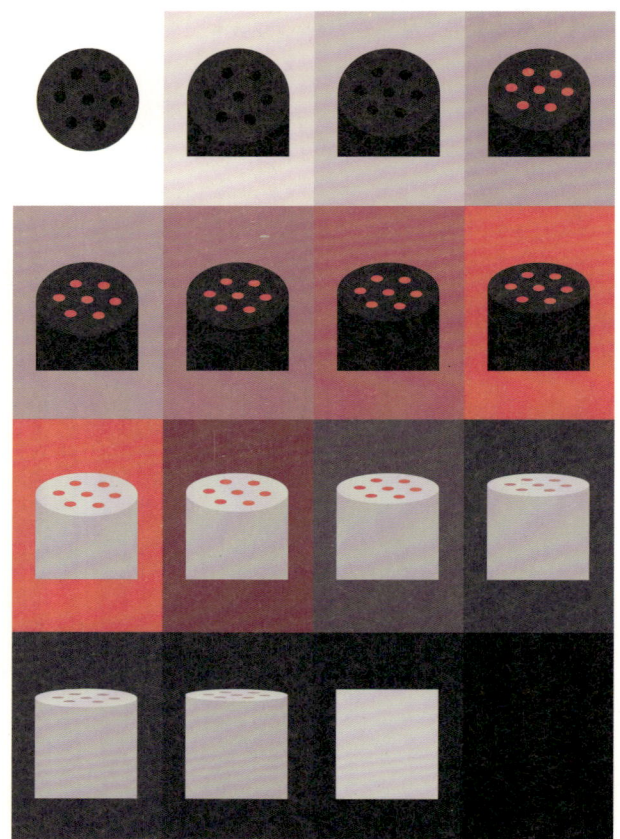

처리 분쇄 후 퇴비, 도자기, 화분 등의 소재로 활용 (사용 전과 후 모두 활용)
수급 중상 / 성인남성이 맨손으로 6개 이상 들기 어렵다. 충격에 약해서 주의가 필요하다.
빈도 높음 / 농가와 도시 모두에서 발생하며 자주 발생한다.
수량 빈도는 낮지만 많은 양이 발생한다.
소재 코크스 / 목탄 + 점토
특징 산업폐기물로 분류된다, 물에 약하다, 가열 시 일산화탄소가 배출된다

생활

: 난방을 위해 가공된 무연탄

시간이 흐름에 따라 소중한 것이 헌 것이 되는 경우는 굉장히 흔하다. 언젠가의 보물이 고물이 되는 그런 상황 말이다. 어린 시절의 보물들처럼 말이다. 어린 시절 나의 보물들을 생각해보면 자전거, 장난감, 게임기 등등이 떠오른다. 하지만 그 중 남은 건 단 하나도 없다. 망가져서 버려지기보다는 시간의 흐름에 따른 자연스러운 탈락이 아닐까?

연탄도 그렇다. 단칸방에 살던 시절 이야기가 나오면 엄마는 항상 연탄을 이야기하신다. 힘든 불 살리기와 기분이 든든했던 연탄 사 놓는 날 같은 것 말이다. 하지만 지금의 연탄에게 더 이상 과거의 영광은 없다. 시간이 흐름에 따라 더 좋은 것들이 생기고 단점이 보완되고 대체할 수 있는 것들이 생겨난다. 연탄은 아직 제자리인데 말이다.

서울에도 아직 연탄을 쓰는 동네가 존재한다. 정릉, 중계동, 상계동 등등 아직도 겨울을 위해서 연탄을 쓰는 곳이 존재한다. 이제는 서울에 남은 연탄가게는 10곳도 안 되지만 연탄은 아직 버려지는 중이다.

*하우스 농가에서 활발히 활용중이다.

청바지

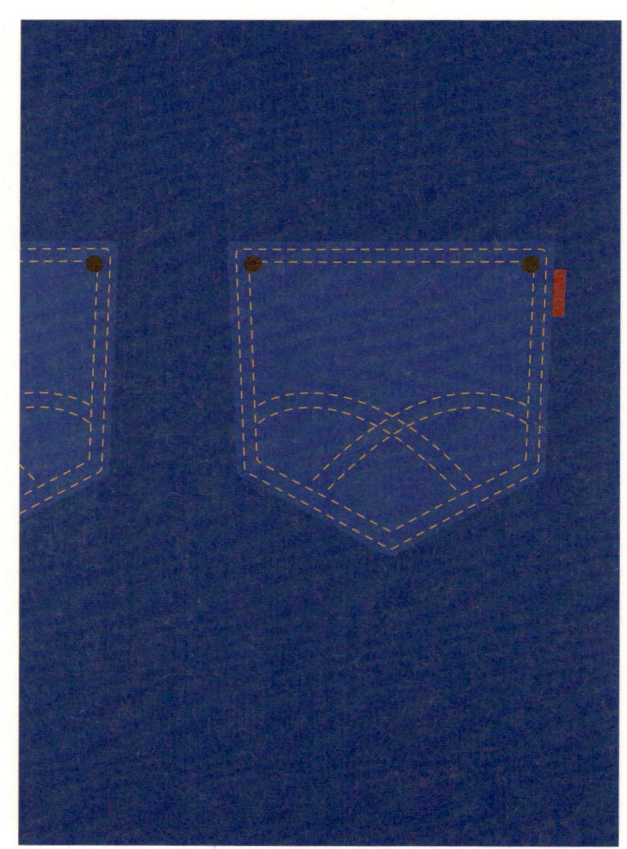

처리 DIY나 업사이클링의 소재로 활용되는 것을 제외하면 대부분 버려진다.

수급 상 / 헌옷을 수거하는 수거업자나 구제의류 등에서 구할 수 있다. 한번에 많은 양을 수거해야하고 청바지 자체도 무겁기 때문에 어려움이 따른다.

수량 수거업체나 구제의류상을 통하면 kg 당 구할 수 있다.

소재 데님

특징 질기다, 이염이 될 수 있다, 세척 필수, 거칠다, 튼튼하다, 다양한 톤을 가진다

생활

: 천막천을 이용해 만든 바지로 미국에서 처음 시작된 튼튼한 하의

자, 집에 들어가서 자신의 옷장 혹은 장롱을 열어보면 이런 생각이 드는 청바지가 분명 하나 쯤은 있을 것이다. "이걸 왜샀지?..", "이거 비싸게 주고 산건데.." 등등의 생각이 드는 청바지 말이다. 언젠가의 부츠컷이나 철지난 삼촌의 스노우진이라던가 색은 둘째치고서라도 입어보면 자연스레 과거로 여행을 다녀올 수 있는 그런 바지들 말이다. 이 글을 쓰면서 찾아보니 나에게도 3개나 되는 몹쓸 청바지가 나왔다. 심지어 오래입지도 않았다. 하지만 아까운 마음에 이 청바지를 입고 밖으로 나가려면 큰 용기가 필요하다. 이 입지도 않을 청바지는 각각 약 1천5백 리터의 물과 화학·약품등을 활용해 만들어졌다. 나는 4천5백 리터의 물과 화학약품 x 3 을 해 놓고도 또 그대로 방치하고 있는 것이다.

    청바지는 시작이 튼튼함을 위해서 만들어진 바지이다. 그러다보니 한참을 입고 유행은 지나버려도 청바지는 아직 튼튼하게 남아있다. 나에겐 10년정도 된 울 소재의 가디건이 있다. 꽤나 좋아하는 옷이라서 자주 입었더니 3년 즈음에 팔꿈치가 다 해져서 구멍이 생겨버렸다. 어머니가 발견하시고는 안입는 청바지를 타원형으로 잘라 붙여주셨는데 그 모양이나 색이 전혀 어색하지 않아서 10년이나 된 지금도 잘 입고 있다. 이렇게 청바지는 치마로 앞치마로 또 가방으로 계속해서 자신의 수명이 다할 때 까지 활용되고 있다. 청바지는 튼튼함과 특유의 색감으로 150년이 넘도록 사랑받는 청바지는 또 다른 방향으로 나아갈 수 있지 않을까?

* 청바지 브랜드들은 환경오염을 이유로 헌옷을 가져오면 할인해주는 등 프로모션을 진행하거나 기존의 제조방식보다 더 나은 방법을 찾기 위해 노력중이다.

우산

처리 누군가 필요로 하지 않는다면 대부분 우산은 대와 살 손잡이는 재활용되고 천부분은 버려진다.

수급 중 / 천이 얇고 가벼워서 운반에 큰 어려움이 없다. 하지만 세척이 필요하다.

빈도 높음 / 각 지방의 재활용센터에서 수급 가능하다.

수량 서울시의 자치구 재활용센터에서 일주일에 500개가량 발생 (양산 20~30%)

소재 나일론, 폴리에스테르, 사틴

특징 가볍다 (물에 뜬다), 잘 썩지 않는다, 물에 강하다, 구김이 잘 생긴다, 다양한 색상, 패턴, 디자인을 가진다, 세척 필수

: 비를 막기위한 도구로 3단, 자동 우산이 대부분이다.

우산에 대해서 적기에 앞서 내가 가진 우산들을 살펴봤다. 급하게 산 우산 4, 큰 우산 2, 접이식 1로 큰우산은 갑작스럽게 비를 만났을 때 누군가 쓰라며 줬던 것들이고 접이식은 언제 샀는지 기억도 가물가물할 정도이다. 4 개나 되는 저 우산들은 대부분 갑작스레 비를 만났을 때 발생한 것들이다. 비가 쏟아지고 판단이 모호하면 나는 잠깐 나가서 맞아본다. 아니라고 판단되면 바로 우산을 구매한다. 사실 크게 애착도 없다. 잃어버려도 그만 안 잃어버려도 그만이다. 오히려 그 우산을 쓰고 나왔을 때 비가 그칠 때 즈음 누군가 착오로 가져가 준다면 짐이 없어져 고맙다는 생각이 들 정도이다.

우산은 이렇게 때에 따라 요구되고 또 때에 따라 버려진다. 그뿐만이 아니다. 저렴한 가격에 가장 유명한 소모품 중에 하나여서 우산을 고치는 곳이 있음에도 대부분 버려진다. 우산이 가진 것을 나열해보면 우산 살, 대, 손잡이, 천 이렇게 나눠볼 수 있다. 우산에서 천을 빼고는 모두 고철과 플라스틱으로 재활용 혹은 재사용이 가능하다.

버려지는 우산에서 비를 막아주는 이 부분은 재활용 혹은 재사용이 어려워 대부분 버려지고 또 소각된다. 많은 우산이 석유 섬유로 이루어져 있으니 버려진 다음 남기는 것은 환경오염이 전부라고 할 수 있다. 다양한 색과 패턴 그리고 디자인으로 이루어진 이 우산은 그냥 사라져도 좋을까?

* 재활용센터에서는 우산과 더불어 양산도 수거하고 있다.

칫솔

처리 일부 친환경 소재로 이루어진 칫솔을 제외하면 대부분이 일반쓰레기로 분류되어 버려진다.

수급 중 / 크기도 작고 가볍다. 하지만 세척이 필수다.

빈도 높음 / 개인이 1~3개월 마다 하나씩 버리고 치과에서는 더 많은 양의 칫솔이 버려진다.

수량 개인당 1년에 4~12개 치과에서는 매일매일 많은 양의 칫솔이 버려진다.

소재 PP(폴리프로필렌), PBT(폴리부틸렌 테레프탈레이트)

특징 색과 무늬가 동일하지 않다, 물에 강하다, 형태가 일정하다, 가볍다, 단단하다, 열에 약하다.

생활

: 손잡이와 작은 솔로 이루어져 있으며 이와 잇몸을 닦기위한 도구

치과에서는 하루에 3번 양치하는 것을 추천한다. 많은 사람들이 1~3개월마다 그 칫솔을 교체하고 있다.(아니라면 지금이라도 교체하길 바란다.) 한 명당 1년에 4~12개 가량 교체하고 있는 것이다. 2인 가족이라면 8~24개 4인 가족일 때는 16~ 48개가 버려지고있다. 생각보다 꽤 많은 소비량이다. 물론 칫솔의 수명이 다했으니 버려지는 것이 당연하다. 한 편에서는 모두 버리지 않고 칫솔을 여기 저기 닦는 것에 이용하기도 한다. 하지만 집보다는 치과에서 더 많은 양치질이 이뤄지고 있는지 모른다. 정확히는 더 많이 버려지고 있는지 모른다. 지난해 치과 이용 인원은 하루에 8만4천명으로 그 숫자는 꽤나 많다.(전국통계) 물론 모든 치과에서 양치를 위해서 일회용 칫솔을 구비하지는 않겠지만 10%라고 해도 8천4백개의 칫솔이 매일 버려지는 것이다. 칫솔에서 가장 중요한 부분은 칫솔의 머리 부분이다. 칫솔모는 돼지털부터 말털을 거쳐 최근의 나일론이나 PBT(폴리부틸레프탈레이트)까지 오게 되었는데 이 머리부분 때문에 플라스틱으로 만든 칫솔은 재활용되지 못하고 전부 버려진다. 칫솔의 길이가 20cm 라고 가정한다면 3cm의 칫솔모 때문에 재활용되지 못하고 있는 것이다.

  대부분 PP (폴리프로필렌) 으로 이루어진 칫솔은 색도 모양도 다양하다. 납작한 것 부터 육각형까지 흰색에서 화려한 무늬까지 오히려 "쓰는 이의 개성을 나타낼 수 있지 않을까?" 하는 생각이 들 정도로 말이다. 우리 생활에 친숙하고 많이 쓰여지는데 재활용되지 못한다면 충분히 다시 들여다볼 필요가 있지 않을까?

---

* 재활용센터에서는 우산과 더불어 양산도 수거하고 있다.

스
케
이
드

보
드

처리 스케이트보드 수리 혹은 판매 업장에서 대부분 발생한다.
수급 하 / 굉장히 얇고 가볍다. 성인 남성이 한 번에 20개 이상 옮길 수 있다.
빈도 낮음 / 도시에 집중되지만 그에 비해 문화가 활발하지 않아 그만큼 많이 버려지지도 않는다.
수량 낮음 / 발품 파는 만큼 수량은 높일 수 있다.
소재 단풍나무, 대나무 등등 / 다양한 색상과 크기의 바퀴
특징 일정한 크기, 다양한 패턴, 물에 약함, 세척과 재처리가 필요하

생
활

: 목재와 바퀴로 이루어진 이동수단 혹은 탈것

"off the wall"이란 슬로건을 꽤나 좋아한다. 그 브랜드를 좋아하기도 하지만 슬로건과 브랜드의 이미지가 너무나도 잘 어울려서 더욱이 좋아하는 것 같다. 스케이트보드를 이야기하는데 "off the wall"이라니 조금 생경할지도 모른다. 하지만 스케이트보드를 이야기하는데 이 슬로건을 이야기하지 않는 것도 어쩐지 조금 어색하다.

    스케이트보드는 저 슬로건과 너무 닮아있다. 각각 특이하다. 비상식적이다. 비상식적인 일을 한다. 또는 해낸다. 스케이트보드는 굳이 일어나지 않아도 되는 일들을 수행한다. 계단을, 벽을 뛰어넘고 아무도 시키지 않았는데 험한 일을 하거나 해낸다. 하지만 이런 비상식 선의 일을 해내다 보니 영광의 상처도 많이 가진다. 그만큼 많이 망가진다는 말이다. 하지만 스케이트보드가 망가지기 전까지 그 주인의 개성 또한 굉장히 많이 담긴다. 취향에 따라 다양한 스티커가 붙기도 하고 혹은 칠해지기도 한다. 얼마나 많은 도전을 했느냐에 따라 앞뒤 옆 아래 마모의 정도도 다르다. 또는 이제 더 이상 특이하지 않게 되어서 상식을 가지게 되어서 버려지는 스케이트보드들도 있다.

    이유가 무엇이든 스케이트보드는 비상식적인 일들을 수행하기에 적합한 강도를 지닌다는 것이다. 주로 쓰이는 소재는 단풍나무로 얇은 7겹을 겹쳐 만든 것이 일반적이다. 그리고 그 겹마다 접착제가 함께 있고 7.5인치(약 18.75cm)에서 8.25인치(약 20.625cm)의 폭을 지닌다. 양쪽이 약간 구부러져 굴곡을 지니고 있다. 이러한 특성과 개성 그리고 물성을 살려서 스케이트를 업사이클링으로 활용하는 사례도 해외에서는 찾아볼 수 있다. 누군가의 개성과 도전이 담긴 소재라니 적어도 나에겐 꽤나 매력적으로 들린다.

---

* 한 업사이클링업체에서는 폐그물로 숏보드를 만들기도 했다.

포장지 (필름류 포장재)

처리 재활용 처리되거나 업사이클링 하고 있다. 하지만 수거 비율이 낮아 많은 양이 그냥 버려지고 있는 상황이다.

수급 중상 / 매우 가볍고 어디서나 구하기 쉽다. 하지만 세척에 어려움이 있다.

빈도 높음 / 굉장히 높은 빈도로 발생한다.

수량 서울시에서만 버려지는 양이 800톤 가까이 된다. 수량은 많지만 종류가 많고 다양하다.

소재 PET, HDPE, LDPE, PP, PS, PVC 등

특징 색과 무늬가 동일하지 않다, 물과 바람에 강하다, 잘 썩지 않는다, 질기다, 유연하다.

생활

: 종이 혹은 플라스틱이 사용되며 내용물의 보호와 식별 물류에 사용된다.

과자를 먹을 때 봉지를 찢지 않고 열기 위해 애써본 기억이 한 번쯤은 있을 것이다. 위로 아래로 열기 위해서 힘써본 기억은 나도 몇 번이나 있다. 아니 오히려 힘쓰다가 과자를 공중에 흩뿌려버린 적도 있다. 별것도 아닌 것 같은 데 아주 질겨서 결국 포기하고 가위나 이를 빌려서 열게 하는 비닐봉지 말이다. 페트병과 더불어 우리의 일상에서 떨어질 수 없는 소재 중 하나인데 일상과 가까운 만큼 굉장히 많이 버려진다.

일반 쓰레기로 생각하기 쉬우나 사실은 재활용이 가능하다. 어디서나 볼 수 있는 이 포장지의 상세설명을 살펴보면 재활용 마크가 붙어있다. 종류가 다양하여 PET, HDPE, LDPE, PP, PS, PVC, OTHER 등으로 적혀있는데 모두 재활용 대상이다. 하지만 많은 양의 포장지가 회수되지 않고 버려지고 있는데 재활용비율이 가장 높은 서울도 50%가 되지 않는
상황이다.

포장지는 지금도 재활용 그리고 업사이클링되고 있다. 포장지의 모양과 디자인을 그대로 살려서 파우치로 이용하는 경우도 있고 포장지 인쇄실패나 한 곳에서 다량으로 버려지는 포장지를 접어 새로운 원단으로 만들어 활용하는 경우도 있다.

전선

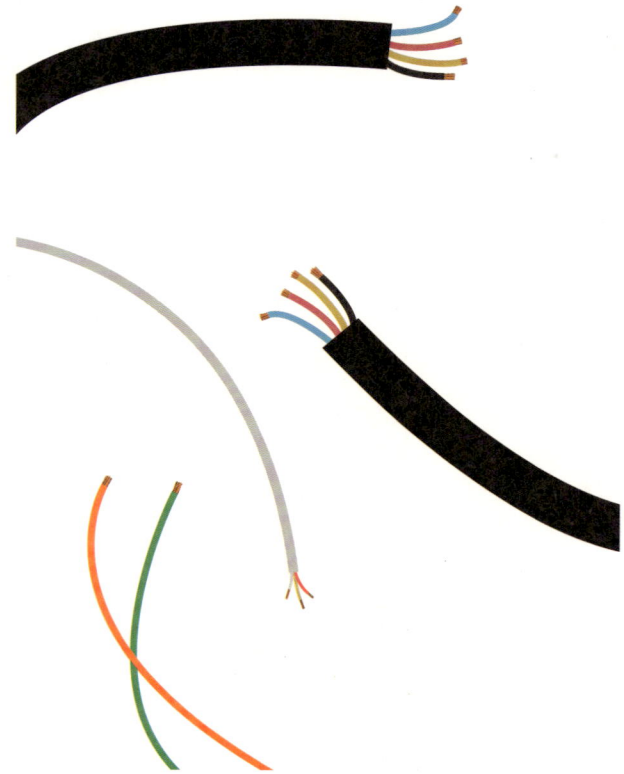

- **처리** DIY나 업사이클링으로 활용된다. 대부분이 재활용되고 있는 상황이다.
- **수급** 상 / 전선과 피복으로 이루어져 있어서 작은 부피에도 꽤나 무겁다. 성인 남성이 한번에 많은 양을 옮기기 어렵다.
- **빈도** 낮음 / 주로 건설현장과 철거현장등 현장에서 발생한다. 하지만 소재가 모이는 곳이 형성되어 있어 낮은 빈도에도 한곳에 잘 모인다.
- **수량** 한번에 많은 양이 발생하기 때문에 수량은 백단위는 쉽게 다가간다.
- **소재** 구리(대부분), 알루미늄, 은 등이 사용되고 금은 얇게 코팅되어 사용된다. / PVC, PP, PE, 고무, 실리콘 등 절연재가 많이 사용된다. (절연재 또한 별도로 재활용이 가능하다.)
- **특징** 색과 무늬가 동일하지 않다, 물에 강하다, 형태가 일정하다, 무겁다, 단단하다, 열에 강하다.

건축

: 전기를 전하는 전용 선

사람은 보고싶은 것만 보게된다는 말이 있다. 평소 같았으면 목적지에 가느라 전혀 신경 쓰지 못했을 텐데 최근 이동 중에 거리에서 전선을 다듬고 있는 할아버지를 만났다. 도로와 인도사이 연석을 작업대삼아 전선에서 피복을 벗겨내고 있었다. 자세히 살펴보니 전선이 꽤나 많았다. 할아버지는 다채로운 색의 전선의 피복을 하나하나 벗기고 있었다. 괜히 이 근처에서 약속에 있는 척 주변을 서성이다보니 피복을 벗겨내고 있는 전선 뒤켠에 검은색 굵은 전선이 있었다. 몰래 조금 더 보니 전선이 아니라 꼭 김밥처럼 생겼다. 굵은 전선 안에 다양한 색의 작은 전선들이 김밥재료처럼 가득 차 있는 모습이었다. 마음이 동하여 찾아보니 검고 두꺼운 전선들은 조금씩 다르긴 했지만 겉은 검고 속은 다양한 색이 있는 모양이 대부분이었다.

    다시 맨 처음 언급했던 내용으로 돌아간다. '사람은 보고싶은 것만 보게된다'는 말은 다시 또 나에게 해당된다. 이 전선들을 새롭게 보고 눈여겨 보니 이런 특징들이 보였던 것이지 사실은 관심만 두면 언제든지 볼 수 있었던 소재이다. 거리에서 쉽게 볼 수 있는 전봇대의 전선도 이와 같고 집에서 항상 연결되어있는 콘센트도 이 전선과 크게 다를바가 없다. 물론 용도에 따라 소재나 재질이 조금씩 차이를 가지지만 대부분 비슷하다.

    이 전선은 평소에는 별로 관심 받지 않다가 버려질 때 많은 사람들의 관심을 받는다. 주로 구리로 이루어진 전선은 그 가격이 적게는 키로당 4천원에서 많게는 8천원까지 괜찮은 가격대를 형성하고 있기 때문이다. 그렇기 때문에 이 소재를 활용하려면 어려움이 따른다. 어디서나 볼 수 있을 만큼 흔하고 또 특유의 물성은 유지하지만 이미 가격대가 형성되어 있기 때문에 이 상황에서 가치가 낮은 전선을 찾거나 혹은 그 가격을 부담해야한다는 것이다. 또한 소재로 활용 할 생각이라면 업사이클링으로서의 가치 또한 다시 한번 생각해 봐야 한다.

* 이어폰은 의외로 좋은 소재가 될 수도 있다. 가치는 낮지만 잘 고장나고 쉽게 버려지는! 위에서 언급한 내용 모두를 포함하고 있기 때문이다.

서울시 경동시장

서울시 경동시장

나전칠기(자개장) / 조각장

건축

: 어패류의 껍질을 활용하여 장식한 가구

나전칠기에 대해서는 별도로 다루고 싶다. 자개장은 철 지난 가구, 낡은 가구, 촌스러움, 할머니의 전유물 등으로 생각하기 쉽다. 하지만 자개장은 가장 오래된 업사이클링제품일 수 있다. 버려지는 조개의 껍데기를 재가공해서 조각조각 오리고 붙이기만 하는 것이 아니라 그림을 만들고 문양을 만들어 오랫동안 고급가구의 한 축을 담당했다. 물론 이 자개가 장롱에만 활용되는 것은 아니다. 크고 작은 각종 가구의 양식 중 하나로 자리 잡았고 장인이 별도로 있을 정도이다. 더욱이 해외에서 방문하는 외국인들에게 가장 많이 팔리는 물건 중 하나가 바로 이 자개 보석함이라고 하니 업사이클링의 소재로 활용했을 때 국내보다는 해외에서 더 인기 있을지 모르겠다. 하지만 엄청난 물건이 아무렇게나 버려지고 있는 것은 분명하다.

방문

처리 분쇄 후 연료, 퇴비, MDF, 파레트 로 활용
수급 중상 / 대부분이 무겁지는 않으나 부피가 큰 편이다. 성인남성이 한 번에 3개 이상 옮기기 힘들다.
빈도 낮음 / 대부분 철거현장, 인테리어 공사 때 발생한다.
수량 빈도는 낮지만 많은 양이 발생한다.
소재 합판, 원목 등
특징 색색과 무늬가 동일하지 않다, 물에 약하다, 부피가 크다.

건축

: 방과 다른 공간을 이어주는 계폐장치

하나 좋은 것도 없는데 괜히 우리의 기억을 간지럽히는 것들이 있다. 어릴 때 먹었던 학교 앞 떡볶이, 또 그 옆에 달다 못해 쓴 뽑기, 3일이면 죽어버렸던 병아리 등등 그중에서도 아빠에게 혼난 뒤 분한 맘에 괜히 세게 닫으면 혼나고 다시 닫아야 했던 방문은 나에게 꽤나 기억에 남는다. 열리지도 않을 거면서 괜히 창문 무늬가 있는가 하면 저 정성이면 문을 더 튼튼하게 만들겠다 싶은 그 문 말이다. 얇은 합판에 이런저런 무늬가 있고 그에 걸맞은 문고리가 달려있다. 딱 그 시절스럽다.

재개발현장에 가보면 대부분의 건물은 방문이 버려져 있다. 한 동네에서 버려졌지만 각각 생긴 것이 조금씩 다르다. 한창 부서지고 있는 염리동(3구역)을 이야기해보자면 2천여 세대가 살았던 곳이다. 집마다 3개 정도의 문을 쓴다고 가정하면 6천 개 가량이 버려졌겠다. 하지만 노후주택이 많았으니 5천 개 가량으로 예상한다. 이 글을 쓰러 들른 홍대카페에는 이런 방 문으로 만든 테이블이 있다. 사장님은 문을 구하기 어려워서 고생하셨고 주문제작으로 60만 원을 쓰셨다고 한다.

왜일까? 한 건물을 카페로 쓰는 분이 굳이 이 문을 테이블로 만드는 이유 말이다. 괜히 아까워서일까? 그렇다고 튼튼하길 한가? 무늬도 우리가 아는 그 쿠늬다. 이런 이유보다는 조금 더 복잡한 이유가 있지 않을까?

서울시 만리동 철거현장

서울시 만리동 철거현장

대문

처리 재개발 혹은 건물 철거현장에서 발생한다.
수급 하 / 성인남성이 무리하면 한 번에 한 개를 옮길 수 있다. (다칠 수 있다.)
빈도 낮음 / 도시에 집중되고 재개발 혹은 철거현장에서 발생한다.
수량 낮음 / 발품 파는 만큼 수량은 높일 수 있다.
소재 철, 알루미늄, 나 등등
특징 일정한 크기, 다양한 패턴, 물에 약함, 단단함, 무거움, 세척과 재처리가 필요함.

건축

: 길에서 집으로 이어주는 계폐장치

대문은 고사하고 이젠 열쇠도 없다. 물론 모두에게 해당되는 이야기는 아니겠지만 적어도 나에겐 그렇다. 집에 들어가는 장면을 상상해보자. 1층에 도착해서 출입문 앞으로 간다. 비밀번호를 누르면 문이 열리고 계단 혹은 엘리베이터로 현관까지 간다. 현관에서 다시 비밀번호를 누르고 기계음과 어정쩡한 멜로디와 함께 문이 열린다. 나는 이 과정이 꽤나 어색하다. 아파트키드들에게는 다른 이야기겠지만 적어도 나에게는 너무나도 어색하다. 골목키드로 자란 나는 대문을 열쇠로 열고 또 현관까지 가서 다른 열쇠로 문을 열어야 했다. 그런데 이 대문은 꽤나 다른 기능이 있다. 어린 시절 아빠를 기다리다 보면 특유의 마찰음과 문이 닫힐 때 들리는 파열음으로 방문을 알 수 있었다. 지금은 어떤 멜로디로 바뀌었지만 그 나름의 과정이 있었다는 말이다.

    대문은 녹이 생기면 생긴 대로 쓰고 간간이 색을 칠할 뿐이었다. 동네마다 골목마다 다양한 사이즈의 다양한 색의 대문이 있었고 아직도 존재하고 있다. 무겁고 필요도 없는 것 같지만 이제는 대문에도 도어락이 붙어 그 기능을 다 하고 있다. 또 그 집의 그 집을 다녀간 사람들의 시간이 고스란히 묻어있기도 하다. 언젠가 열쇠업자의 스티커, 가스배달의 스티커, 우유가 걸리던 곳의 흔적 같은 것들 말이다.

    재개발현장에 가보면 이 버려진 대문은 만날 수 있다. 빈틈없이 한 철판으로 이루어진 것도 있고 쇠기둥이 모여 촘촘한 틈을 만드는 경우도 볼 수 있다. 물론, 재개발현장이 아니어도 간혹 골목에서 만날 수 있다. 집이 허물어지고 새로운 건축물이 만들어질 때 가장 먼저 버려지는 모습으로 말이다.

서울시 만리동 철거현장

서울시 만리동 철거현장

가구

처리 분쇄 후 연료, 퇴비, MDF, 팔레트 로 활용

수급 상 / 목재가 대부분이다 보니 크기에 비례하여 무겁다. 성인남성이 혼자서 운반할 수 있는 종류는 한정적이다.

빈도 높음 / 손 없는 날이면 항상 발생한다. 물론, 종류와 수량은 장담하지 못한다.

수량 빈도는 높지만 원하는 소재나 형태를 찾는 것은 누구도 장담하지 못한다.

소재 합판, 원목 등

특징 색과 무늬가 동일하지 않다, 물에 약하다, 부피가 크다

건축

: 집안에서 사용되는 다양한 기구

항상 다니는 골목인데 어느 날이면 갑자기 곳곳에 가구들이 넘쳐날 때가 있다. 그런 날은 우연이거나 갑자기 그런 일이 벌어지는 게 아니라 대부분 '손 없는 날'이다. 손 없는 날은 민속신앙에서 온 일종의 미신인데 안 그럴 것 같지만 정말 많은 사람들이 믿고 있다. 이삿짐센터의 일정은 대부분 이 손 없는 날로 정해질 정도이니 굳이 다른 설명은 필요 없다. 손 없는 날에 골목이나 아파트 구석에 가보면 이것저것 정말 다양도 하다. 누군가의 혼수였던 자개장이나 조각장부터 침대 책상 등등 종류도 다양하게 버려져 있다. 그도 그럴 것이 대부분의 가구는 생활과 집에서 가장 큰 축을 차지한다. 소파에서 가족이 모이고 침대에서 아침을 맞고 하는 우리의 생활을 돌아보면 더욱이 그렇다. 종류에 따라 다르지만 기본적으로 5년 이상 사용하는 비율이 63~80% 정도로 가구의 수명은 긴 편이다.

    가구는 우리 생활과 밀접한 만큼 굉장히 많은 것이 묻어있다. 사용하던 이의 손때와 습관 또 취향까지 그야말로 세월이 담겨있다. 그런데 이 가구들이 버려지면 어디로 향할까? 가구들의 특징 중 하나는 유예기간을 가진다는 것이다. 폐기물 스티커 없이 며칠을 새로운 주인을 기다리다가 정 찾는 사람이 없어지면 정식으로 스티커가 달리고 처리업체에서 가져간다. 중고가구업체라면 새로운 주인을 기다리겠지만 많은 가구들은 목재의 정해진 분류에 따라 등급별로 나눠진 후 파티클보드나 펠릿 혹은 톱밥 등으로 활용된다. 다른 흔적들은 모두 지우고 나무로써 활용되는 것이다. 가구는 정말 나무일 뿐일까? 해외에서는 이 버려지는 가구의 면면을 모아 업사이클링하는 경우도 있다. 가구가 가진 특성 중 나무라는 물성보다는 나름의 가치를 재조명하는 방법으로 업사이클링의 새로운 방법을 보여준 케이스라고 할 수 있다.

*가구를 업사이클링 하려면 가장 꽤나 큰 문제를 해결해야 한다. 가구의 크기에따라 다르겠지만 일단은 기본적으로 적재할 수 있는 공간이 필요하고 작업 시에 먼지와 소음에서 자유로울 수 없기 때문에 일정한 작업공간이 필요하다.

파이프

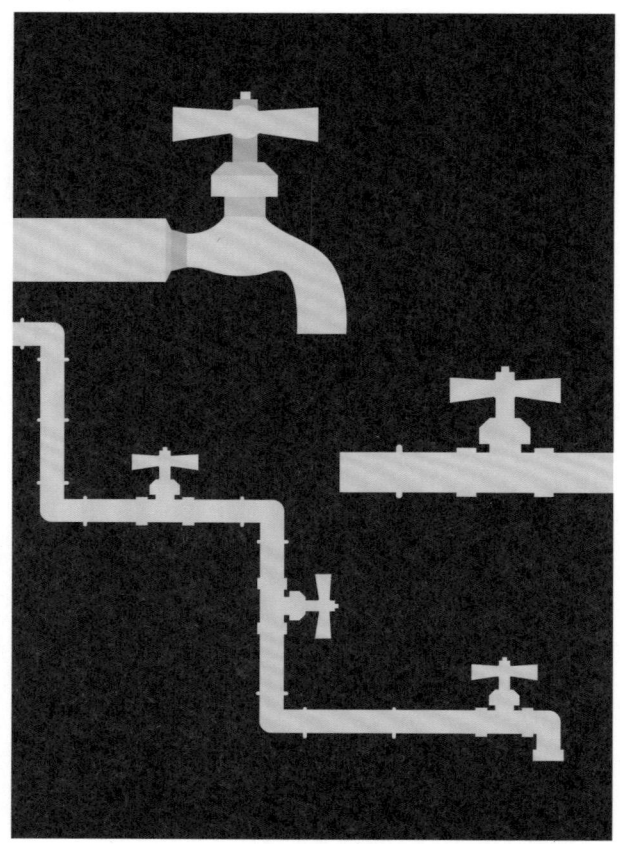

처리 대부분 건축폐기물로 분류되고 발생하는 그대로 버려진다. 별도 요청 시 수거가 가능하다.

수급 상 / 크기에 비해 무겁고 세척에 어려움이 따른다. (화학약품을 사용해야 하는 경우도 있다.)

빈도 낮음 / 수리공사나 철거 시에 발생하고 산업폐기물로 분류되어 처리된다. 원한다면 현장에 직접 가거나 별도로 요청해야 한다.

수량 수리 시에는 많은 양이 발생하지 않으나 철거 시에는 많은 양이 발생한다.

소재 스테인리스, 황동, 알루미늄, 아연 등 합금

특징 형태가 일정하다, 물과 불에 강하다, 단단하다, 세척 필수, 소재로 활용 시 별도의 도구가 많이 필요하다.

: 속이 빈 긴 관

파이프는 집 안보다는 집 밖에서 쉽게 찾아볼 수 있다. 집안에서 파이프가 보이는 곳을 찾아봤더니 보일러 근처, 가스레인지 근처 정도였다. 집 밖으로 나가서 골목이나 거리를 살펴보면 굉장히 쉽게 파이프를 찾아볼 수 있다. 마치 우리 몸의 혈관이 잘 보이지 않고 숨겨져 있듯이 우리가 보이지 않는 곳곳에 파이프는 숨어있다. 마치 건물의 혈관과 같이 건물 곳곳에 숨어서 자신의 소명을 다한다. 소명을 다하지 않았어도 건물이

파이프는 배관이라는 이름으로 불리기도 하는데 가스나 물 등 여러 가지를 운반해야 하므로 추위, 더위, 바람, 충격 모든 것에 강한 편이다. 조금씩 다르지만 일정 수준의 자극에는 잘 견뎌낸다. 물론 원치 않게 자신이 가진 튼튼함으로 좀도둑들의 발판이 되기도 한다.

파이프는 튼튼한 것 이외에도 마치 블록처럼 조립하기 쉽다. 단단하고 튼튼한 만큼 그 자체를 변형하기는 쉽지 않지만 두 개의 관을 한곳으로 한 관을 두 곳으로 나누거나 합할 수 있고 위에서 아래로 또 옆으로 조립만 한다면 자유자재로 그 방향을 움직일 수 있다. 그런 이유로 인더스트리얼 디자인이라는 이름 아래 파이프로 이뤄진 많은 인테리어 또한 쉽게 찾아볼 수 있다.

* 파이프는 소재의 특성상 가공이 쉽지 않다. 가공을 진행할 때도 그에 맞는 도구가 별도로 필요하다.

천막

처리 산업폐기물로 분류되어 소각되며 업사이클링이나 리사이클링에 활발히 이용 중이다.

수급 중상 / 대부분이 무겁지는 않으나 부피가 큰 편이다.

빈도 낮음 / 철거현장, 공사현장 등에서 발생하며 트럭 천, 버블텐트가 버려질 때 발생한다.

수량 빈도는 낮지만 한 번에 많은 양이 발생한다.

소재 타폴린

특징 색과 무늬가 동일하지 않다, 물과 바람에 강하다, 잘 썩지 않는다, 질기다, 유연하다.

건축

: 나무나 금속 뼈대와 천을 이용한 간이 휴식 혹은 주거시설

이 천은 업사이클링의 상징이라고 할 만한 소재다. 하지만 멀리 떨어져 있는 것이 아니라 전국 어디에서나 일상생활에서 정말 쉽게 볼 수 있다. 트럭에 덮여 있는 천, 마트에서 주는 증정용 장바구니, 농가에서 많이 쓰이는 방수포 등 아무것도 아닌 것 같지만, 굉장히 많이 쓰이고 있다. 물론, 이 천을 활용한 업사이클링 제품 또한 거리에서 생각보다 쉽게 만날 수 있다.

    이 소재는 옥외광고물에 많이 쓰이는 '플렉스' 원단과 비슷한 물성과 특성이 있는데 몇 가지 차이를 지닌다. 기본적으로 '타르'가 활용되어 특유의 향이 굉장히 강하다. 이 원단으로 만들어진 업사이클링 제품을 사용하는 사람들이 입을 모아 이야기하는 단점 중의 하나이다. 또한, 플렉스보다는 조금 더 유연하다. 플렉스 원단이 유연성을 가지지 않은 것은 아니지만 이 소재가 조금 더 유연하다고 할 수 있다. 이 두 가지를 제외하고는 대부분의 물성이 동일하다. 인쇄가 쉬워서 다양한 색상과 디자인을 가지고 있으며 방풍, 방수에 탁월하다고 할 수 있다. 또한, 잘 썩지 않는 특성을 가지고 있어서 만약 다른 쓰레기들과 함께 매립된다면 환경에 악영향을 줄 수 있다. 타르는 미라를 만들 때도 사용될 정도로 자연환경에서 오랜 시간 동안 견딜 수 있는 특성을 가지고 있기 때문이다.

---

* 국내에서는 트럭 천보다는 옥외광고물이나 버블텐트등에 많이 사용된다.

현수막

처리 다양한 분야에서 활용 중이다. 많은 양이 버려지고 있어서 쉽게 구할 수 있다. 허가받은 광고물과 불법 부착물이 있다.
수급 중상 / 대부분이 무겁지는 않으나 부피가 큰 편이다.
빈도 높음 / 수시로 버려진다.
수량 서울시의 한 자치구에 1년에 1~2만가량이 버려진다.
소재 폴리에스테르 섬유
특징 색과 무늬가 동일하지 않다, 물에 약하다, 얇다, 색이 비친다, 질기다.

산업

: 선전문, 구호문 따위를 적어놓은 막

이 천은 업사이클링의 상징이라고 할 만한 소재다. 하지만 멀리 떨어져 있는 것이 아니라 전국 어디에서나 일상생활에서 정말 쉽게 볼 수 있다. 트럭에 덮여 있는 천, 마트에서 주는 증정용 장바구니, 농가에서 많이 쓰이는 방수포 등 아무것도 아닌 것 같지만, 굉장히 많이 쓰이고 있다. 물론, 이 천을 활용한 업사이클링 제품 또한 거리에서 생각보다 쉽게 만날 수 있다.

　　이 소재는 옥외광고물에 많이 쓰이는 '플렉스' 원단과 비슷한 물성과 특성이 있는데 몇 가지 차이를 지닌다. 기본적으로 '타르'가 활용되어 특유의 향이 굉장히 강하다. 이 원단으로 만들어진 업사이클링 제품을 사용하는 사람들이 입을 모아 이야기하는 단점 중의 하나이다. 또한, 플렉스보다는 조금 더 유연하다. 플렉스 원단이 유연성을 가지지 않은 것은 아니지만 이 소재가 조금 더 유연하다고 할 수 있다. 이 두 가지를 제외하고는 대부분의 물성이 동일하다. 인쇄가 쉬워서 다양한 색상과 디자인을 가지고 있으며 방풍, 방수에 탁월하다고 할 수 있다. 또한, 잘 썩지 않는 특성을 가지고 있어서 만약 다른 쓰레기들과 함께 매립된다면 환경에 악영향을 줄 수 있다. 타르는 미라를 만들 때도 사용될 정도로 자연환경에서 오랜 시간 동안 견딜 수 있는 특성을 가지고 있기 때문이다.

* 국내에서는 트럭 천코다는 옥외광고물이나 버블텐트등에 많이 사용된다.

섬유 (천)

처리 충전제나 재사용되기도 하고 DIY나 업사이클링에 활용된다.
수급 중상 / 원단이 가볍다고 해도 부피와 무게를 무시할 정도는 아니다. 성인남성이 한번에 2 봉투 이상 옮기기 힘들다.
빈도 높음 / 창신동 봉제 공장에서 하루에 100리터 봉투 1~2개 분량이 발생한다.
수량 서울에서만 하루에 120톤가량 발생한다. 하지만 집계되지 않는 업체들이 많아서 이보다 많이 발생한다.
소재 면, 폴리에스테르, 나일론, 모직 등
특징 색과 무늬가 동일하지 않다, 물에 약하다, 부피가 크다, 모양이 균일하지 않다.

산업

: 재단 혹은 제작 시 남게되는 천

옷을 만드는 방법은 이렇다. 패턴과 원단에 대해 디자인을 하고 샘플 제작 후 생산이 시작된다. 샘플 제작과 생산을 진행할 때 상품별로 규격과 패턴 색상이 동일한 자투리 천이 지속적으로 발생한다. 생산이 끝날 때까지 말이다. 그래서 직접 찾아가 봤다. 내가 사는 서울에는 굉장히 많은 봉제 공장들이 있다. 창신동, 석관동, 면목동 각종 봉제 공장들이 모여 있는 곳 들도 있지만 서울시 곳곳에 존재하고 있다. 길에서 '시다', '객공', '오바사' 등이 붙어 있는 문이 보인다면 그곳은 봉제 공장이다. 그 중 창신동으로 향해 어떤 천들이 얼마나 어떻게 버려지는지 직접 확인해봤다.

소재는 너무나 다양해서 열거하기도 어렵다. 폴리, 나일론, 면 등에 종류 또한 너무나 다양하다. 그러나 여기에서도 공통점이 존재하는데 바로 색과 패턴이다. 의류 시장은 흐름과 유행이 굉장히 확실하다. 그 해 컨셉이 되는 패턴과 색상이 자연스레 많이 만들어지고 생산과정에서 또 자연스럽게 그 자투리들이 버려진다. 창신동 골목에 가보면 이런 천들이 담겨있는 쓰레기 봉지들을 만날 수 있다.

전국에 있는 봉제 공장은 서울에만 절반가량 모여있다. 업체 수는 7000개가 넘지만 봉제공장의 특성상 사업자 등록이 많지 않아 이보다 훨씬 더 많은 수의 공장이 있다고 할 수 있다. 물론 이 많은 공장들에서 내어놓는 자투리 천들이 도두 그대로 버려지진 않는다. 충전제나 재사용 원단 등 재활용이 가능하긴 하지만 실제 방문해본 결과 수거가 전처럼 활발하지는 않았다. 이뿐만 다니라 생산 시 모자란 상황을 대비하기 위해서 원단을 넉넉히 구비해놓는데 생산이 끝나고 나면 다른 생산에 맞는 원단으로 진행하기 때문에 그 원단은 굳이 필요가 없어진다. 그 원단들은 사용한 적도 없는 넉넉한 새 원단이지만 공장 한 편이나 원단 창고 한쪽에서 수거업자가 오기를 기다린다. 하지만 그도 찾아오지 않는다면 원단은 언젠가 버려지기 마련이다. 이렇게 버려지는 양은 상상을 초월한다. 2016년 기준으로 하루에 120톤가량의 원단이 버려지고 있다. 또한, 누군가 찾지 않으면 이 천들은 대부분 매립되어 사라진다.

* '제로 사이클'이라는 이름으로 생산부터 자투리 천의 발생을 줄이는 방법을 활용하는 기업도 있다.

커피 (콩)

처리 업사이클링 업체와 판매업자를 제외하고는 버려진다. 방향, 비료, 방충에 활용

수급 중상 / 모든 카페에서 가지고 있지 않기에 약간의 발품이 필요하다.
한번에 2 봉투 이상 옮기기 힘들다.

빈도 높음 / 수량에 비례하여 빈도도 높다.

수량 특별한 요청이 없다면 바로바로 버려지지만 절대량은 많다고 할 수 있다.

소재 커피 생두, 원두

특징 모양이 동일하지 않다, 물에 약하다, 단단하다, 향이 있다.

산업

: 커피나무의 씨앗

커피는 자신만의 소비구조를 명확하게 가지고 있다. 수입 후 가공되며 가공 후 조리되어 다양한 방법으로 소비된다. 커피는 가공부터 제조까지 워낙 다양한 방법이 있어서 모든 방법을 다 이야기할 수는, 없지만 기본적인 방법에 관해서 이야기하려고 한다.

    커피콩은 수입 후 가공 전과 후 단계에서 모두 선별과정을 거친다. 대중들의 머릿속에 일반적으로 자리 잡고 있는 갈색의 가운데 틈이 있는 커피콩은 대부분 선별된 후의 모습인 것이다. 사람의 모습이 모두 제각각이듯 커피콩도 같다. 물론, 버려지는 커피콩의 모양만 이야기하는 것이 아니라 가공 중에 원하는 맛이나 향에 어긋난 콩들은 대부분 그대로 버려진다. '맛'이라는 기본적인 내용을 지우면 커피콩으로서의 생명이 사라진 것 같지만 맛과는 별개로 이 콩도 분명 활용할 수 있는 여지를 충분히 가지고 있다. 커피콩은 맛을 지워도 그만의 물성이 그대로 살아 있기 때문이다.

커피 가루 (커피 찌꺼기)

처리 업사이클링 업체와 판매업자를 제외하고는 버려진다. 방향, 비료, 방충에 활용

수급 중상 / 모든 카페에서 가지고 있지 않기에 약간의 발품이 필요하다.
한번에 2 봉투 이상 옮기기 힘들다.

빈도 높음 / 수량에 비례하여 빈도도 높다.

수량 특별한 요청이 없다면 바로바로 버려지지만 절대량은 많다고 할 수 있다.

소재 커피 생두, 원두

특징 모양이 동일하지 않다, 물에 약하다, 단단하다, 향이 있다.

: 커피음료를 만들고 남은 찌꺼기

'찌꺼기'라는 말은 왜인지 약간의 거부감이 든다. 하지만 동동주와 막걸리가 청주의 부산물이듯이 그 거부감은 그저 단어가 가지는 이미지일 뿐이다. 커피 가루(커피 찌꺼기)는 커피의 마지막 소비 잔여물인데 커피가 한잔 팔릴 때마다 꼭 한 덩어리씩 버려진다. 하지만 버려지면서도 그만의 특성은 그대로다. 다시 말하자면 음료로서 소명을 다했지만 다른 기능은 사라지지 않고 그대로 유지된다는 것이다. 아무런 의식 없이 버려지던 커피가루는 그 자체만으로도 이점이 있어서 한참이나 다양한 곳에 쓰였다. 비료와 방향제 그리고 피부미용 등에 활용되었는데 얼마 전까지만 해도 단순한 재활용과 DIY 수준이었다.

최근 더욱더 많은 곳에 커피 가루가 활용되고 있는데 그 분야가 꽤나 다양하다. 방충의 효과가 있는 커피 가루를 소재로 만든 화분이나 다른 소재와 결합하여 시계의 부품이 되기도 한다. 단순한 커피에서 우유나 다른 것들과 조화를 이루게 된 것처럼 커피의 부산물도 더욱더 다양한 모습으로 발전할 수 있지 않을까?

커피 (자루)

처리 업사이클링 업체와 판매업자를 제외하고는 버려진다. 방향, 비료, 방충에 활용

수급 중상 / 모든 카페에서 가지고 있지 않기에 약간의 발품이 필요하다. 한번에 2 봉투 이상 옮기기 힘들다.

빈도 높음 / 수량에 비례하여 빈도도 높다.

수량 특별한 요청이 없다면 바로바로 버려지지만 절대량은 많다고 할 수 있다.

소재 커피 생두, 원두

특징 모양이 동일하지 않다, 물에 약하다, 단단하다, 향이 있다.

산업

: 커피를 담는 자루로 황마로 제작

커피는 마치 커피처럼 은은하게 우리 생활과 함께한다. 그것도 아주 쉽게. '커피 한잔해요.', '언제 커피 한 잔 하시죠' 가 인사로 굳어질 정도로 커피는 생활권에 잘 녹아들었기 때문이다. 커피를 소재로 정말 무궁무진한 이야기를 할 수 있지만, 커피가 남기는 부산물에 관해서 이야기 하고자 한다. 커피는 생산에서 소비까지 가는 동안 그만의 일련의 과정을 거치는데 여기에서 커피만의 부산물이 발생한다. 그중 가장 티 나게 발생하는 것 중 하나가 가공되기 전의 커피를 담고 있는 커피 자루다. 대부분이 '황마'로 이루어져 있고 종이와 비닐로 이루어 진 것들도 있다. 지금 이야기하려는 소재는 '황마'로 이루어진 커피 자루이다.

황마는 가지고 있는 물성 덕분에 자연스럽게 커피와 계속해서 함께하고 있다. 황마는 질기고 튼튼한 물성을 가지는데 그에 반해 알칼리나 산화제에 대해 강하여 자연스레 커피와 함께한다. 또한, 대부분 이색적이고 이국적인 문양을 가진다. 남미, 아프리카, 동남아시아 등지에서 건너오는 이 자루는 그 지역만의 혹은 산지만의 문양과 문자를 그대로 가지고 있다.

작년 한 해 생두만 143,000톤이 수입되었고 커피 자루는 약 60kg가량이 담기니 단순계산으로는 약 2,383,333개나 같이 들어온다고 볼 수 있다. (모든 생두가 황마에 담겨오지는 않으니 절대량으로 보는 것은 불가능하다.) 대부분 카페에서 생두를 취급하지는 않고 본사 혹은 전문 로스팅 업체에서 진행하지만 취급하는 몇 곳을 조사해보니 대부분의 이 자루들은 별도의 요청이 없다면 버려지고 있다. 그 특유의 물성과 디자인을 가진 채로 말이다.

와인 (병)

처리 대부분의 와인병은 재사용되지 않고 버려진다. 일부 업체에서 비치하거나 활용하지만 비율이 낮고 업사이클링 업체에서 활용하거나 DIY로 활용된다.

수급 중 / 대부분의 와인은 750ml의 용량에 일반 공병보다 두껍기 때문에 성인남성이 한 번에 한 자루 이상 옮기기 어렵다.

빈도 높음 / 매일매일 발생한다.

수량 와인바에서 식당까지 취급업체가 다양하여 많은 양이 발생한다.(한 해 수입량 6천만 병)

소재 유리

특징 다양한 색을 가진다 (청색, 투명, 갈색을 기본으로 톤이 다양하다.), 단단하다, 투명도가 일정하지 않다, 충격에 약하다, 바닥이 평평하지 않다, 일반병에 비해 무겁다, 빛 투과 가능

산업

: 포도주를 담는 병

빈 술병, 공병 등은 막연히 재활용되고 재사용될 것이라 생각하기 딱 좋다. 가장 보기 쉬운 공병 중 하나인 소주병은 약 8회가량 재사용이 된 후 공병이 아닌 유리로 다른 삶을 살아가는데 와인은 그렇지 않다. 여러 가지 이유가 있겠지만 대부분 국내에서 소비되는 와인들은 수입된다. 그렇기 때문에 재사용이 되려면 와인 산지로 향해야 한다. 재사용을 위해서 프랑스, 호주, 칠레 등으로 가야 한다니 아무리 생각해도 수지타산이 맞지 않는다. 그냥 다 같은 와인병이라고 생각하기 쉽지만 와인병은 종류 분류로만 20가지 정도가 된다. 이러한 이유로 결국 와인병은 재사용 없이 바로 처리되어야 한다. 물론, 와인을 소비하는 곳에서는 와인병을 물병이나 인테리어로 활용하고 있는 모습을 볼 수 있지만, 그 비율 또한 그다지 높지는 않다. 오히려 와인과 상관없는 곳에서 와인병을 차곡차곡 쌓아 시멘트로 마감해 벽으로 활용하는 모습을 본 적 있다.

 이 와인병은 한 해 6천만 병 이상이 수입된다. 물론 모든 와인을 다 소비해버리는 것은 아니겠지만 막연하게 절반이라고 해도 3천만 병이다.

와인 (코르크)

처리 와인을 취급하는 곳에서 빈 병과 함께 두는 경우도 있지만 대부분 버려진다.

수급 하 / 가볍고 작기 때문에 수급에는 큰 어려움이 없다.

빈도 높음 / 매일매일 발생한다.

수량 와인바에서 식당까지 취급업체가 다양하여 많은 양이 발생한다(한 해 수입량 6천만 병) 하지만 대부분 버려지거나 수집하는 사람이 있기 때문에 발품을 팔아야 한다.

소재 코르크 오크나무 (코르크참나무)

특징 가볍다(물에 뜬다.), 탄성이 있다, 마모되지 않는다, 불투과성(액체나 가스가 통과하지 못한다.), 절연성(열, 소리, 진동에 강하다.), 잘 썩지 않는다, 재사용이 쉽다.

산업

: 와인의 마개로 코르크 나무의 중간 껍질

와인과 짝꿍처럼 항상 붙어 다니는 것이 있다. 코르크다. 물론 코르크가
와인 마개에만 사용되는 것은 아니다. 신발의 중창, 가구, 스포츠, 자동차
등등 활용되는 곳은 많이 있으나 오롯이 코르크만을 사용하고 가장
보기 쉬운 것이 와인 마개다. 이 코르크는 굳이 누군가 수집하지 않는
이상 대부분 일반 쓰레기로 분류되어 버려진다. 일부에서 버려지는 와인
마개를 DIY 제품으로 활용하거나 예술품, 악세사리, 인테리어에 활용하고
있다. 와인은 1년에 6천만개가 수입된다. 모든 와인이 이 코르크를
사용하는 것은 아니지만 수입되고 소비되는 양에 비례하여 코르크는
버려지고 있다. 코르크의 특성상 재사용이나 재활용이 굉장히 쉬움에도
불구하고 말이다.

　　와인 마개에 사용된 코르크는 그 만의 흔적을 가지는데 바로 담겼던
포도주의 브랜드가 새겨져 있으며 착색과 착향이 있다. 향이 얼마나
유지되는지까지는 확인하기 어렵지만 버려진 코르크는 담겼던 와인의
색과 향을 일부 담고 있다. 어떤 코르크는 진하고 또 어떤 것은 연하게
색을 가지고 있기도 하다. 물론 사용된 코르크는 구멍이 뚫리거나
귀퉁이가 부숴져있긴하지만 재사용과 재활용이 수월하기 때문에 사용할
수 있는 곳을 찾는 것은 어렵지 않을 것이다.

* 일반 와인 마개의 지름은 24mm / 샴페인은 31mm (종류별로 약간씩
차이가 난다)

야구배트

처리 폐기처분 혹은 땔감으로 활용
수급 중상 / 배트는 약 1kg 정도 된다. 하지만 부피가 있어서 일정량 이상은 맨손으로 운반하기 어렵다.
빈도 낮음 / 산발적으로 발생한다.
수량 1년에 약 360개의 배트가 버려진다.
소재 나무 (물푸레, 단풍)
특징 색과 무늬가 동일하지 않다, 송진 등 접착성분이 묻어있다, 단단하다, 물에 약하다.

산업

: 야구에서 공격에 사용되는 방망이

일정한 크기의 좋은 목재가 매년 매달 매주 쉬지 않고 버려진다. 아니 굉장히 가치 없이 소모된다. 기껏해야 땔감으로 쓰인다면 너무나 아깝다. 야구를 좋아하지 않아도 투수의 공을 치다 말고 조각나버리는 야구 배트를 뉴스나 동영상으로 한 번쯤은 봤을 수 있다. 이 배트는 이렇게 조각날 때만 버려지는 것이 아니라 연습 중 작은 균열이 생겨도 버려지곤 한다.

야구 배트라고 하니 꽤나 생경하게 느껴질 수도 있다. 하지만 야구 배트에 쓰이는 나무는 대부분 단풍 혹은 물푸레나무로 두 나무는 어느 정도 차이를 가지기는 하지만 기본적으로 굉장히 친숙한 나무다. 집안의 가구 중 하나쯤은 이 나무들로 만들어졌고 집안에 없다고 해도 카페나 식당 등 어딘가에 서 한 번쯤은 사용해봤을 흔한 나무라는 것이다.

반대로 이 배트가 무슨 나무이건 뭐로 만들어졌건 당신이 좋아하는 선수가 쓰던 물건이라면 그것으로도 충분한 가치를 가진다. 혹은 선수가 쓰던 배트로 만든 어떤 것이라면 더욱 가치 있지 않을까?

소방호스

처리 비용을 들여 폐기 처리한다.
수급 중상 / 성인남성이 5롤 이상 한 번에 옮기기 힘들다.
빈도 상 / 많은 수량은 아니지만 각 소방서별로 다달이 주기적으로 버려진다.
수량 120개 소방서에서 50-100개씩 버려진다. (서울)
소재 안감 / 폴리우레탄, 외관 / 폴리에스테르
특징 물과 불에 강하다, 질기고 튼튼하다

산업

: 불을 끌 때 활용되는 두꺼운 노즐

소중하거나 중요한 것일수록 단단하고 튼튼한 것에 담긴다. 가게마다 금고가 있고 열쇠까지 달리기도 한다. 그 안에 있는 것이 중요할수록 만나는 절차는 복잡하고 까다로워진다. 어느 누구도 물을 금고 같은 곳에 보관하는 경우는 없지만 소방호스는 조금 다른 이야기다. 화재 시 물은 어느 것보다 중요하다. 물을 멀리 전달하기도 해야 하면서 쉽게 파손되어서는 안된다. 그렇기 때문에 소방호스는 굉장히 질기고 튼튼한 특성을 지닌다.

    소방호스는 이런 특성 덕에 소방서에서는 골칫거리중 하나이다. 소방호스는 사용기한이나 고장을 이유로 주기적으로 교체되고 이 교체된 호스는 폐기물로 분류되어 지속해서 비용을 들여서 처리해야 한다. 많은 양이 아닐 것 같지만 서울에 있는 소방서에서만 한 달에 50-100개 가량 버려진다. 전국으로 그 수량을 확대한다면 더욱이 많은 양이 버려지고 있는 것이다. 물에도 불에도 강하고 질긴 이 호스는 버려지는 것 말고 다른 방법이 있지 않을까?

소방복 (방탄복)

처리 각 지방 중앙소방본부에서 관리한다.
수급 상 / 무겁고 부피도 커서 성인남성이 혼자 수급하기에는 무리가 있다.
빈도 낮음 / 본부별로 산발적으로 발생한다.
수량 1회 방문 시 10톤 트럭 정도의 분량이 발생한다.
소재 메타 아라미드, 파라 아라미드, PBI, PBO, PTFE 투습방수필름
특징 불에 강하다, 튼튼하다, 물에 강하다.

산업

: 소방활동을 위한 방염복

얼마 전 차량의 타이어를 교체했다. 대충 보기에는 아무런 문제가 없어 보였는데 교체한 타이어 양옆을 칼로 구멍을 내서 일부러 상처를 내고 있었다. 이유를 물어보니 안전상의 이유였다. 누군가 괜찮아 보인다는 이유로 다시 쓰면 큰 사고 날 수 있기 때문이다.

 소방복도 그런 이유로 주기적으로 교체된다. 누군가는 세금 낭비 혹은 괜한 짓으로 볼 수 있지만 생명을 구하는 사람의 장비는 조금 더 꼼꼼하게 관리되어도 전혀 무방하지 않을까?

　 소방복은 열에 강한 만큼 다른 물리적 피로에도 강한 편이다. 즉 버려졌지만 재조립한다면 다시 알맞은 곳에 좋은 소재로 활용될 수 있다는 것이다. 하지만 이 소재를 활용하기에는 두 가지 현실적인 어려움과 만난다. 우선, 소방복은 기본적으로 다양한 위험에서 사람을 보호하기 위해 만들어졌다. 그렇기 때문에 튼튼한 만큼 굉장히 질기고 무겁다. 이와 같이 무겁고 단단한 소재를 다뤄본 경험이 없다면 활용에 어려움이 있을 것이다. 다른 한 가지는 수급이다. 소방복은 주변에 소방서가 많다고 해서 쉽게 구할 수 있는 것이 아니다. 지방 중앙소방본부를 통해서 직접 산발적으로 수급해야 한다. 하지만 모든 소방복이 말끔하고 깨끗하게 버려지지 않기 때문에 세척에 한 번 더 품을 들여야 한다.

* 소방복은 과거의 겉은색에서 최근의 노란색으로 변경되고 있는 과정이다. 구소방복은 상대적으로 내구성이 약하고 천의 느낌이 강하다. 또한 3종류의 다른 천이 겹쳐있어 각각의 처리방법이 다르다.

낙하산

처리 10년 이상 사용했거나 300회 이상 사용된 낙하산은 차례대로 폐기되고 있다. 1협회와 일부 업체가 수급 중이다.

수급 상 / 부피가 굉장히 크다 차곡차곡 접으면 가방 하나로 마무리 할 수 있지만 워낙 커서 시간이 많이 소요된다.

소재 투일, 나일론

특징 일반적인 척에 비해 얇다, 튼튼하다, 질기다, 바람에 강하다.

: 사람이나 물체를 동력없이 하늘에서 땅으로 보내는 기구

낙하산과 친분이 너무나도 없어 이런저런 정보 찾아보니 결국 우산이었다. 우산 산 (傘) 이라는 말이 들어간다. 어린 시절 만화나 영화에서 보던 우산 쓰고 하늘에서 팔랑팔랑 힘없이 내려오는 장면은 과장되었을 뿐 마냥 거짓말이라고 하긴 어려울 것 같다. 본 적도 없고 써본 적도 없는 것이라 꽤나 어색했는데 현관 신발장에 쌓여있는 우산의 종류라고 생각하니 괜히 친숙한 느낌이다. 하지만 낙하산은 내가 생각하는 것보다 훨씬 오래전부터 사람들의 삶에서 재활용되고 있었다.

전쟁으로 모든 것이 부족했던 1950년대 대한민국에서는 이미 낙하산을 활용한 옷이 만들어지고 있었다. (실제 DTC 섬유박물관에 전시되어있다.) 가진 게 없어서 버려진 낙하산을 활용한 과거와는 달리 해외에서는 낙하산이 가지는 특유의 질감과 특성을 굉장히 활발하게 활용하고 있다. 여성복부터 남성복까지 일반적인 옷감과 특별히 다를 것 없이 활발히 사용되고 있으며 의류뿐만이 아니라 낙하산의 큰 크기와 빛 투과를 활용하여 조명으로도 활용되고 있다. 더욱이 명품브랜드 중 한 곳은 이 낙하산의 소재로 다양한 잡화를 만들어서 이 소재가 곧 브랜드의 질감을 나타내는 상징이 되기도 한다.

이 낙하산의 위치는 조금 독특하다. 개인이 일상에서 구하기에는 큰 어려움이 있고 군에서 활용하고 남은 낙하산도 군의 자산이기 때문에 쉽게 얻기 어렵다는 것이다. 하지만 [한국업사이클링협회]을 통한다면 개인적인 노력보다는 조금 더 수월하게 구할 수 있을 것이다.

낙하산 줄 (파라코드)

처리 10-13.5년 이상 사용했거나 100회 이상 사용된 낙하산은 차례대로 폐기되고있다. 협회와 일부 업체가 수급 중이다.

수급 하 / 가볍고 부피도 작기 때문에 정리만 잘 되어있다면 성인남성이 한 번에 한 상자 정도 옮길 수 있다.

소재 투일, 나일론, 폴리에스테르 등

특징 가볍다, 튼튼하다, 물에 강하다, 불에 약하다.

산업

: 파라코드 ; 낙하산 천과 사람이나 물체를 이어주는 끈

2007년 즈음 나와 내 친구들 사이에서는 생존가 베어 그릴스가 가장 화두였다. 항상 극악의 오지에 맨몸으로 뛰어들어 상상해본 적 없는 것들로 배를 채워가며 결국 현지인을 찾아 생존해내는 모습은 지금 다시 봐도 재미있다. 베어 그릴스는 기본적으로 오지에서 만나는 어느 것 하나 허투루 쓰는 법이 없었는데 그중 가장 화려한 모습을 자랑하는 것이 이 낙하산 줄이다. 종종 낙하산을 이용해 오지로 향했는데 베어 그릴스는 이 낙하산 줄로 굉장히 많은 것을 해냈다. 절벽을 오를 때나 사냥 시 덫으로 활용하고 줄 안에 있는 얇은 실로 낚시를 해내기도 했다. 심지어 활을 만드는 데 사용하기도 했다. 이렇게 오지에서 보여준 낙하산 줄의 여러 모습만 봐도 얼마나 활용하기 좋은 소재인지 알 수 있다.

    이 낙하산 줄은 군에서 100회 이상 사용되었거나 10-13.5년이 지나면 안전상의 이유로 버려져야 한다. 폐기 시에도 비용과 시간 그리고 여러 가지 행정적인 절차를 거쳐야만 하고 이는 곧 환경오염을 이어진다. 하지만 최근 팔찌나 허리띠 등 활발한 활용으로 주변에서 쉽게 찾아볼 수 있고 버려지는 줄 또한 다양한 색상과 다양한 패턴을 가지고 있어서 활용할 수 있는 방안도 다양하다. 더욱이 줄 하나로 성인 남성의 몸무게도 버틸 수 있을 정도로 튼튼함은 물론 가볍기까지 하니 악세사리를 넘어 더욱 다양한 곳에 활용할 수 있다.군의 자산이기 때문에 쉽게 얻기 어렵다는 것이다. 하지만 [한국업사이클링협회]을 통한다면 개인적인 노력보다는 조금 더 수월하게 구할 수 있을 것이다.

LP (Vinyl Record)

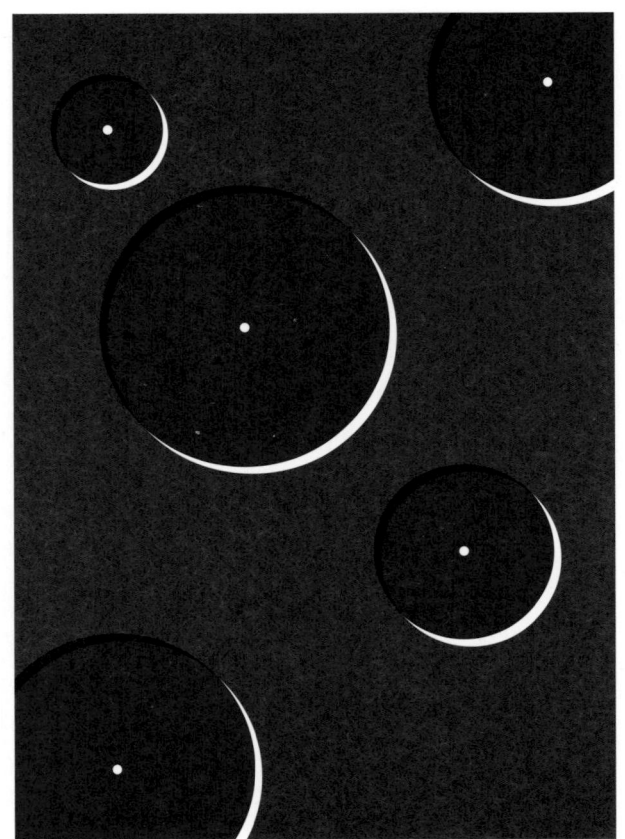

- **처리** 산업폐기물로 분류하여 처리한다. LP Bar에서 필요 없어진 것들을 산발적으로 버린다.
- **수급** 중상 / 무겁지는 않으나 부피가 큰 편이다. 성인남성이 한 번에 한 상자 이상 옮기기 힘들다.
- **빈도** 낮음 / 국내에도 생산 공장이 한곳밖에 없고 곳곳에 숨어있는 LP 바에서 고장난 판을 구해야 한다.
- **소재** PVC
- **특징** 지름 30cm, 대부분 검은색으로 되어있으나 간혹 색이 있는 것도 있으며 반투명도 존재한다, 열에 약하다, PVC지만 얇아서 충격에 강하진 않다, 절단 혹은 가공 시 특수레이저가 필요하다.

산업

: 음을 기록한 원반 형태의 매체

우리가 사는 세상은 꽤나 확실한 규칙을 가지고 있다. CD가 나온 뒤 디스켓과 카세트테이프가 과거의 물건이 된 것처럼 더 좋은 것이 나오면 과거의 것은 잊혀지기 마련이다. 하지만 예외의 경우도 규칙처럼 꽤나 확실하게 존재한다. 이 예외 중 하나가 바로 LP다. LP는 단순한 저장 매체를 넘어서 한 시대나, 분야 혹은 장르를 설명하기에 가장 좋은 상징이다. 이 과거의 상징은 얼마 전까지만 해도 그저 지나간 추억의 물건들이었다. 하지만 최근 해외는 물론 국내에서도 다시 영광을 재현 중이다.

특별히 튼튼하지도 않고 열에 약하며 특수레이저가 없으면 절단도 쉽지 않은 이 한정적인 소재를 소개하는 이유는 따로 있다. LP는 시간과 함께 존재한다. 소리를 기록하고 그 당시의 시간과 그 시절의 분위기를 담고 있는 독특한 저장 매체라고 할 수 있다. 소리나 그 모양만이 아니라 가운데 부착되어 있는 패치 또한 그 당시의 가장 세련된 디자인을 담고 있기 때문이다.

영화 포스터

- **처리** 특별한 경우가 아니라면 영화관에서 바로 처리된다. 물론, 처리에 비용도 발생한다.
- **수급** 중 / 종이가 더 두껍고 코팅도 되어있어 무거운 편이다. 성인남성이 한 번에 두 묶음 이상 옮기기 어렵다.
- **빈도** 높음 / 굉장히 높은 빈도를 지니고 다양한 수집처를 가지고 있다. (도시에 집중된다)
- **수량** 발품 파는 만큼 수량은 높일 수 있다. *배치되어있는 것을 업사이클링을 위해서 많은 양을 수거한다면 절도가 될 수 있다.
- **소재** 지류(코팅)
- **특징** 일정한 크기, 다양한 패턴, 물에 약함, 코팅 시 재처리 필요.

산업

: 영화를 알리기 위한 홍보용 판촉물

영화를 가장 많이 보는 이 나라에서 영화는 우리에게 어떤 의미를 가질까? 여가나 취미가 될 수 있고 데이트나 직업이 될 수 있다. 나의 굳이 하지 않아도 될 경험을 이야기하자면 대학시절 영화와 관련된 과제 덕분에 영화관에서 꽤나 오랜 시간을 보낸 적이 있다. 그 중 계속해서 비치되는 포스터를 살펴본 적이 있는데 포스터는 영화에서 꽤나 중요하지만 딱 영화관의 상영 기간만큼의 생의 주기를 가지고 있다. 어떤 포스터는 3개월 동안 걸리고 어떤 포스터는 일주일 만에 사라지기도 한다. 하지만 반대로 이야기하자면 영화가 많이 생기는 만큼 많은 포스터가 만들어진다는 것이다. 그렇다면 더 많은 디자인과 패턴 그리고 색을 가진다는 말로 이어질 수 있다. 반대로 이런 종이들이 계속해서 버려지고 있다는 말이다.

    영화 포스터는 다양한 색을 가지기도 하지만 일반 종이와는 조금 다르다. 일정 이상의 두께를 가지고 코팅 처리되어있다. 굉장히 작은 차이이지만 이것 만으로도 업사이클링이 가능하다. 하지만 이 부분을 꼭 생각해봐야한다. 이 종이는 꽤 단단한 재활용 구조를 가지고 있다. 그냥 분류만 잘해서 버린다면 다시 활용될 자원인 것이다. 이 구조를 깰 수 있을 만큼의 가치를 지니고 있는지, 업사이클링을 위해 다른 쓰레기를 만드는 것은 아닌지 말이다.

안전벨트

처리 대부분 폐차 시 함께 버려지고 일부에서 적재나 가방의 원단 또는 소재로 활용 중이다.

수급 하 / 성인남성이 한 번에 80~100롤은 옮길 수 있다.

빈도 높음 / 대부분 폐차장에서 발생하며, 공항에서 일부 발생하나 소량이다.

수량 발품 파는 만큼 수량은 높일 수 있다.

소재 나일론, 폴리에스테르

특징 세척 필수, 유연하다, 튼튼하다

산업

: 사고 시 사망률을 낮추기 위한 안전장치

티는 하나도 나지 않지만 우리를 지켜주는 것들이 있다. 평소에는 별로 중요성을 느끼지 못하다가 사라지면 그 존재가 명확히 드러나는, 부재로 존재를 확인시켜주는 것들을 말하는 것이다. 그중 우리와 가장 친근한 것이 안전벨트라고 할 수 있다. 극심한 멀미로 차량이나 비행기를 탈 수 없는 경우가 아니라면 사용해본 기억이 있을 것이다.

 실제로 활용해보기 전까지는 안전벨트의 튼튼함이나 강인함에 대해서 느껴볼 일도 생각해볼 일도 별로 없었다. 소재로 활용하게 되면서 느낀 안전벨트는 굉장히 튼튼했다. 가죽을 자를 때 쓰는 칼로 잘라도 한 번에 잘라지지 않을 정도로 튼튼하다. 일반 카터칼로도 꽤나 오랜 시간이 걸렸다.

　이 튼튼한 안전벨트는 생각보다 아무렇게나 버려지고 있다. 물론 필요로 하는 경우가 있다면 구해볼 수 있겠지만 폐차장에 가서 직접 수거하는 것도 안전상의 이유로 손수 구하기는 어렵다. 카센터, 폐차장 등 무거운 것을 옮겨야 할 때 이 안전벨트를 사용하는 곳도 있으니 기회가 된다면 유심히 살펴보면 확인할 수 있을 것이다.

　대부분 폐차장에서 구할 수 있으나 작게나마 비용을 지불해야한다. 1롤에 1,000원 정도로 원재료의 가격을 생각하면 꽤나 낮은 가격이다. (세척은 해당하지 않는다)실제 동일한 소재를 시장에서 구한다면 1야드에 10,000 정도는 지불해야한다.

---

* 단조로울 것 같지만 색상이 꽤나 다양하다. 검정에서 아이보리까지 다양한 톤을 가지며 간혹 붉은색이나 파란색과 같은 독특한 색상도 찾아 볼수 있다.

자동차 시트

- **처리** 대부분 폐차, 교체시 함께 버려지고 일부에서 가방의 원단 또는 소재로 활용 중이다.
- **수급** 하 / 성인남성이 한 번에 100L 봉지 두 개는 옮길 수 있다. 부피에 비해 무게는 가벼운 편이다.
- **빈도** 높음 / 폐차장과 교환업체에서 발생하며 굉장히 자주 발생한다.
- **수량** 발품 파는 만큼 수량은 높일 수 있다.
- **소재** 양가죽, 소가죽, 섬유, 합성피혁 등
- **특징** 세척 필수, 유연하다, 튼튼하다, 다양한 색상, 다양한 소재를 가진다.

산업

: 차량에 설치된 좌석 외피

얼마 전 장거리 일정을 앞두고 차량을 수리했다. 생각보다 많은 문제가 발견되어 골머리를 앓고 있었는데 선배가 나에게 이런 말을 했다. "차는 있어도 문제, 없어도 문제 아니겠습니까?" 맞는 말인 것 같다. 가지면 가져서 고되고 없으면 없어서 고되다. 존재만으로도 골치인 이 자동차는 독특하게도 90%가 넘는 재활용 비율을 가지는데 그 중 항상 그대로 버려지는 것이 이 시트 부분이다. (안전벨트는 일정 부분 활용되고 있다) 폐차장에서 소재 조사를 진행하던 중 차량시트가 산처럼 쌓여 있는 광경을 보고 이것 저것 물었다. 가죽은 가죽이어서 버리고 천은 천이어서 버린다. 이유가 없다는 말이다. 자동차는 굉장히 다양한 모델과 그 속에서 또 다양한 등급으로 나뉜다. 그 이야기는 결국 시트도 그런 등급이 나뉜다는 것이다.

상처 없이 자란 송아지 가죽, 양 가죽 등등 다양한 소재에 다양한 색과 톤을 가진다. 최근에는 통풍을 위해 작은 구멍을 낸 가죽시트도 버려지는데 이는 곧 가죽의 경량화로 조금 더 가벼운 원단으로 활용될 수 있다. 고급차량이 시트를 교체한다면 멀쩡한 고급가죽이 나오기도 한다. 국내는 물론 해외에서도 시트를 이용한 업사이클링 제품이 있으며 발생하는 소재의 질이 좋은 만큼 좋은 질의 제품이 나오고 있는 상황이다. 하지만 모든 시트가 활용되고 있는 상황은 아니며 폐차장이 아닌 시트 전문교환업체에서도 발생하는 폐시트들은 별도의 요청이 없다면 그대로 폐기하고 있는 상황이다. 누군가 선별해 놓은 좋은 가죽을 활용하는 방법은 자동차의 모델만큼 많지 않을까?

보도블록

처리 지자체에서 배포를 위해 재활용 뱅크를 운영 중이며 산업폐기물로 분류되어 다시 쓰인다.

수급 하 / 무겁다. 성인남성도 많은 양을 들기 어렵다. 두 손으로 20개 이상 들기 어렵다. (크기에 따라 들 수 있는 수가 다르다)

빈도 높음 / 매년 지자체에서 발생한다.

수량 빈도도 높고 수량도 많다. 지자체를 통하는 것이 가장 수월한 방법이다.

소재 콘크리트, 점토, 황토, 자연석

특징 튼튼하다, 단단하다, 모양과 색이 다양하다, 무겁다.

산업

: 인도등 토사 유실을 막기위한 석재블럭

낙엽이 지거나 보이는 즈음이 되면 거리는 꽤나 바쁘다. 당신이 도시에 거주한다면 꽤나 자주 이 모습을 볼 수 있다. 마치 명절 행사 같은 느낌이 없지 않지만 나는 빈번한 시설물 교체에 대하여 이야기하자는 것이 아니다. 이 보도블록이 거리 한구석에 쌓여있다는 것이다. 부서지지도 않았다. 균열도 없다. 튼튼함이 사명인 친구들이 그 모습을 가지고 사라진다. 차곡차곡 쌓여서 말이다. 이 이야기를 하고 싶은 것이다.

보도블록은 5가지 정도의 종류를 가지고 그에 따라 다양한 색상을 지니고 있다. 굴곡이 있는 종류도 있고 블록 중앙에 공간이 있는 모델도 있다. 소재도 조금씩 다르다. 소재의 종류는 점토, 압축, 돌로 소재별로 물성 또한 다르다. (기본적으로는 벽돌과 흡사하다)

만약 누군가 보도블록이 필요하다면 꽤나 쉽게 가져갈 수 있을 것 같지만 보이지 않는 장벽이 있다. 특정 지자체에서는 시민들에게 무상으로 배급하고 있지만 그 수가 한정적이고 산업폐기물로 분류되어 파쇄되는 것이 행정적 절차이기 때문에 약간의 발품을 팔아야 할 것이다. (일부는 수급 조건으로 해체를 원하기도 한다)

도자기

처리 별도의 요청이 없다면 비용을 들여 폐기 처리되고 있다. 일부 예술가들이 활용하기도 하고 건축물에서도 활용된다. 수원에 어마어마한 양이 모여있다. 자원으로 재처리하는 방법이 있지만 비용이 높아서 활용되지 않고 있다.

수급 하 / 무겁고 날카로워서 맨손으로 수급하기 어렵다.

빈도 높음 / 이천시 곳곳에서 산발적으로 발생한다.

수량 빈도도 높고 수량도 많다. 지자체를 통하는 것이 가장 수월한 방법이다.

소재 도기, 자기, 토기

특징 튼튼하다, 단단하다, 잘 썩지 않는다, 코팅되어있다. 색과 모양이 다양하다.

산업

: 도기, 토기, 자기 등 흙을 이용해 만든 용기

개인적으로 도자기를 생각하면 장인정신이 가장 먼저 떠오른다. 조금이라도 흠이 생기면 가차 없이 깨부수는 장인의 모습이 나에게는 강하게 남아있다. 가마에서 살아남는 몇 가지만 두고 나머지는 가차 없이 깨는 그 모습 말이다. 경쾌하게도 깨지는 소리가 생각난다. (아마, 어디선가 영상으로 본 것 같다.) 그럼 깨진 건? 남은 건?

경기도 이천에는 도자기 공장이 많이 있다. 많이 있는 만큼 도자기도 실패량이 많아진다. 살아남지 못한 도자기들은 도자기 무덤으로 향한다. 도자기 무덤은 다양한 도자기 파편들로 이루어져 있다. 그만큼 많은 도자기가 생겨났다는 증거이다. 실제로 이천에 도자기 무덤을 살펴보면 꼭 파편만 있는 것은 아니다. 조금 찌그러지거나 약간의 균열 혹은 균일하지 않은 색이지만 멀쩡하게 생긴 것들이 버려져 있기도 하다.

이렇게 버려진 것들은 대부분 아무렇게나 널브러져 있다가 정기적으로 버려진다. 비용을 들여 차곡차곡 모아 버린다. 버려진 도자기들은 또다시 모여 수원으로 향한다. 도자기는 활용방법이 꽤나 한정적이다. 분쇄 후 에너지로 활용할 수 있지만 그 수지가 맞지 않아 활용되지 않고 있으며 다른 방법으로는 조형물 혹은 건물에 모자이크로 쓰인다. 조형물로 쓰일 때도 지속적인 개보수가 필요하여 비용이 발생한다. (이천 세라피아에 가보면 다양한 활용방법을 볼 수 있다.)

도자기 무덤 - 이천세계도자센터

도자기 무덤 - 이천세계도자센터

타이어

처리 매립, 소각, 재처리(밧줄, 분말, 재생) 등으로 처리되고 있다. 일부에선 스툴이나 스피커로 업사이클링 하기도 한다.

수급 하 / 무겁다. 성인남성이 굴려도 한 번에 2개 이상 굴리기 어렵다. 한 번에 2개 이상 들어 옮기기 어렵다.

빈도 높음 / 수시로 타이어가 교체된다. 신발보다 싸다는 별명과 어울린다.

수량 빈도도 높고 수량도 많다. 하지만 여기저기 흩어져있다. (1년에 3만 톤 이상 버려진다)

소재 실리카 고무, 나일론, 레이온, 스틸 코드

특징 튼튼하다, 단단하다, 잘 썩지 않는다, 흔하다.

산업

: 차량의 바퀴 외부에 사용되는 바퀴의 부품

바퀴는 인류의 가장 오래된 발명품이라는 별명으로 계속해서 살아남았다. 그도 그럴 것이 바퀴는 인류 역사와 계속해서 함께하고 있다. 우리가 이용하는 운송수단을 생각해보면 더욱이 그렇다. 비행기, 자동차, 기차, 선박 중에서 바퀴가 없는 건 선박뿐이다. 선박이 바퀴가 없다고 해도 바퀴 없이는 선박까지 갈 수가 없다. 이렇게 중요하고 자주 쓰이는 바퀴는 타이어까지 발전해왔다. 이 타이어는 정말 보기도 찾기도 쉽다. 다양한 크기에 다양한 브랜드에 새것부터 버려진 것까지 찾고자 하는 마음만 있다면 거주지 반경 10분 거리에 버려진 타이어 하나쯤은 볼 수 있을 것이다. (당신이 도시에 살고 있다면)

    도시에 쌓여있는 타이어는 새로운 문제를 만든다. 그냥 쌓아둘 뿐인데도 문제를 만든다. 타이어의 부피는 크지만 그 안은 텅텅 비어있다. 또 한국은 비가 꽤나 많이 오는 편이다. 타이어를 쌓아 두고 비가 오면 타이어는 물을 머금는다. 꽤 많은 양의 물이다. 물이 고이면 자연스레 벌레는 꼬인다. 쌓아두기만 한 타이어인데 도시의 여름엔 모기의 아파트로 변신한다. 층층마다 고인 물들이 모기에겐 고마운 일이된다는 것이다. (악취는 덤이다)

    타이어는 재활용되지 않으면 소각 혹은 매립된다. 에너지원으로 활용하는 등 다양한 방법이 제시되고 있지만 놀이터 우레탄 바닥재로 활용될 때 납성분이 검출되면서 진행되던 폐타이어의 재처리는 다시 제자리 걸음이다.

타이어는 이름처럼 정말 피곤하기만 한 물건일까?

---

* 처리 시 비용은 개당 500원정도로 생각하면 된다. 안전을 위해서 수거업자들에게는 타이어 일부를 파손해서 넘긴다.

가죽

처리 작은 자투리는 대부분 버려지고 교체되는 원단들은 대부분 재활용된다.
수급 하 / 다른 천에 비해 조금 무겁기는 하지만 성인남성이 한 번에 200L 정도는 운반 가능하다.
빈도 높음 / 많이 사용하는 만큼 자주 발생한다.
수량 수량은 특별히 업체에서 모아놓지 않는 이상 빈도에 비해 낮은 편이다.
소재 양가죽, 소가죽, 돼지가죽 등 (패턴과 색상은 다양하다)
특징 다양한 색을 가진다. 방수 및 방풍이 가능하나 관리부족시 잘 썩는다.

산업

: 동물의 살을 활용하기 쉽게 재처리한 원단

나는 가파치의 아들이다. 가죽은 나에게 조금 더 특별한 의미를 가진다는 말이다. 어린 시절 유치원이 끝나고 학교가 끝나면 나는 아버지의 가죽 공장에서 많은 시간을 보냈다. 고양이 손마냥 약간의 도움을 전하기도 하고 요상한 호기심으로 일을 그르치기도 했다. 가죽제품을 만드는 공장의 특성상 굉장히 많은 프리렌서(客工객공이라고 부른다.)가 다녀간다. 많은 아저씨 중 한 아저씨는 나와 친해진 후 이런 저런 심부름을 시켰다. 그날 활용하는 가죽 중에서 자투리를 모으게 했는데 아저씨는 그걸 본인의 모형 집 벽돌로 쓰고 있었다. 그때의 자투리 가죽의 다음 생은 그 정도였다.

  그 당시의 나는 가죽 조각들을 보면서는 전혀 아무런 생각도 없었다. 그저 쓰레기통에 가득 채워야 할 숙제 같은 것이었다. 그런 현장에는 이런 자투리만 남아있는 것이 아니다. 주어진 일에 맞춰 들여온 원단들의 여분이 남아있다. 대부분 소량이어서 누군가에게 싼 가격에 넘기거나 창고에서 있는 줄도 모르고 삭아간다. 아깝게도 말이다.

  가죽은 우리와 친숙한 만큼 다양한 장소에서 발생한다. 위에서 언급한 제품제작 현장뿐 아니라 소파 수리업체나 자동차 시트 업체에서도 지속적으로 가죽이 발생한다. 두 업체 모두 방문해본 결과 소수의 업체만이 업사이클링 업체에 자제를 전달하고 있었으며 대부분은 별도의 구분 없이 전량 폐기하고 있었다. 아무리 좋은 가죽이라도 말이다.

  가죽은 특성상 천과 같은 특징을 기본으로 내구성과 방수기능을 가지고 있어서 굉장히 많은 방향으로 나아가고 발전할 수 있다. 해외에서는 분쇄하여 새로운 소재로 만들어 다양한 제품으로 활용하는 사례도 있다.

옥수수 잎

재활용 천연 유화제, 유용성 식이섬유, 사료, 연료,
수급 하 / 원한다면 가져갈 수 있다.(생산시기가 정해져있다)
빈도 중간 / 정해진 기간에 많은 양이 발생한다.
수량 9월 기준 하루에 200L 발생(점포당)
비용 운송비
발생 재래시장 등 옥수수 가공 현장
특징 세척과 건조가 필수, 낮은 내후성, 가벼움

산업

: 옥수수를 수확하고 버려지는 껍질

시장에 가보면 우리는 많은 것의 해체와 분리를 볼 수 있다.
생선은 수시로 해체, 분리되고 돼지, 소, 닭 가릴 것 없이 사기 좋게
분리되어있다. 그리고 우리는 그에 맞게 원하는 것을 구매한다. 작물은
그보다 더하다고 할 수 있다. 그중 옥수수의 해체를 보았다.

    옥수수는 꽤나 많은 쓰임을 가진다. (비료 이상으로 말이다)수염은
약으로 쓰이고 알은 다양한 방식으로 소비된다. 남은 껍질과 대 또한
사용처가 명확하다. 알과 분리된 옥수수 대는 잇몸 치료에 쓰인다. 쓸 곳
없을 것 같은 옥수수 잎은 소의 사료로 쓰여왔다고 한다. 하지만 근래
들어 농가의 충분한 사료공급으로 잎은 돈 받고 팔던 효자에서 돈 내고
버려야 하는 애물단지로 전락했다. 잎이 쓰이는 방법은 여러 가지가
있지만 분리된 잎은 전처럼 소의 여물로 돌아간다고 한다.
어차피 들이는 돈이라면 남는 잎으로 여물보다 나은 방법을 찾을 수 있지
않을까?
옥수수잎의 단순 재조립을 넘어서 꽤나 엄청난 일을 해낼지 모른다.

---

* 시장을 넘어서면 옥수수의 사용처는 광범위하다. 바이오 연료, 식품, 사료,
의약용품을 넘어 친환경 산업 소재로도 활용되고 있는 상황이다.

광고 / 플렉스

- **수급** 하 / 원한다면 언제든지 가져갈 수 있다.
- **빈도** 상 / 굉장히 자주 산발적으로 발생한다.
- **수량** 일정하지 않다.
- **비용** 운송비
- **발생** 도시별로 산개 (서울 을지로 집중)
- **특징** 방풍, 방수, 유연성을 가지며 튼튼하고 잘 썩지 않는다. (빛도 투과된다.)

산업

: 옥외광고에 쓰이는 질긴 천

매일 보는 것이지만 다시 보면 괜히 요상하게 보이는 것들이 있다. 어떤 한글을 보고 있노라면 괜히 생경해지는 그런 느낌말이다. 평소에 아무렇지 않게 읽던 것이 어색해지는 경험 말이다.

당신이 원하든 원치 않든 이 소재를 보지 않은 적은 없다. 그만큼 우리와 가까이 지내고 있다. 감히, 당신이 한번은 봤을 거라는 이야기이다. 이렇게 장담 혹은 확언을 할 수 있다. 거리에는 수많은 상점이 존재하고 거리엔 밤도 낮도 없다. 이 수많은 상점들은 또 수많은 이유로 생기고 사라진다. 그 거리에서 보는 수많은 간판들은 대부분 플렉스로 만들어졌다.

플렉스는 이 한국 땅에서 4계절을 잘도 버텨낸다. 어마어마한 추위와 살인적인 더위 몇 번씩 오는 태풍도 이겨낸다. 마치 잡초 같다. 주인이 바뀐다는 큰 이유 말고도 굉장히 사소한 이유로 버려지기도 한다. 잉크가 튀었다거나 색이 이상하다거나 마음에 안 든다거나 하는 이유 말이다. 하지만 전혀 멀쩡한 모습으로 버려지는 것이 대부분이다.

* 산업폐기물로 분류되어 폐기와 동시에 비용이 발생한다. 튼튼한 만큼 무겁다.

을지로 인쇄소 | 제작 - 마딘

을지로 인쇄소 | 제작 - 마딘

기획. 취재 | 이현용
글. 디자인 | 이현용, 부스터씨
초판 1쇄 발행 | 2020년 11월 20일

본 책에 실린 글과 이미지에 대한 무단 전제를 금합니다.
잘못된 책은 교환해드립니다.

<본 도서의 디자인은 한국사회적기업진흥원의 지원으로 제작되었습니다. >
<본 도서는 서울시캠퍼스타운사업의 지원으로 창업하여 제작되었습니다. >